Thomas Aye

Praxis Schauspiel

Arbeitsheft für den Einstieg in die „klassische" Schauspielpädagogik, Hilfen für die Probenarbeit, Stückempfehlungen und Improvisationstechniken

Schibri-Verlag Berlin • Milow

Die Deutsche Bibliothek - CIP-Einheitsaufnahme

Aye, Thomas: Praxis Schauspiel
- Berlin ; Milow : Schibri-Verl., 2003
ISBN 3-933978-53-x

Bestellungen über
den Buchhandel
oder direkt beim Verlag

Milow 60
17337 Uckerland
Tel.: 039753/22757, Fax 039753/22583
email: Schibri-Verlag@t-online.de
http://www.schibri.com

Printed in Germany

ISBN 3-933978-53-x

**Für Kim-Marie
und Sophie Saraa**

Inhaltsverzeichnis

Auf ein Wort vorab 8

Eine Reise durch die „klassische" Schauspielpädagogik 11
1. Der Körper bei Stanislawski, Tschechow und Grotowski 12
2. Der Rhythmus bei Stanislawski 17
3. Die Atmosphäre bei Stanislawski und Cechow 20
4. Die sensorische Erinnerung bei Strasberg 22
5. Der Verstand bei Stanislawski und Brecht 25
6. Das kleine „*Who is Who?*" der „klassischen" Schauspielpädagogik 29

Hilfen für die Probenarbeit 33
1. Für die Arbeit zu Hause 34
2. Die „richtige" Besetzung finden 39
3. Individualität und Sozialgefühl 43
4. Der „siebte" Sinn 45

Thematisch organisierte Theaterstücke 47
Ein Blick hinter die Kulissen der Entwicklung des Kinder- und Jugendtheaters in der Bundesrepublik Deutschland 48
Lust und Liebe 51
Fremde Welten 57
Märchen und Moral 63
Verzeichnis der Stücke und der Autoren 68

Stückentwicklung - Projektarbeit 71
Vertrauenssache 72
Ein Theaterstück selbst entwickeln 76
Spiele mit den Zuschauern (Brecht und Boal) 78
Fremdsprachen sprechen - „spielend lernen" 80

Zum Nachschlagen **83**
Verzeichnis der Übungen 84
Eine Literaturliste als Empfehlung für die, die mehr wissen wollen, und Adressen von Einrichtungen, die mit Rat und Tat helfen können 87
Die Veranstaltungsreihe „Stanislawski and Friends“ 92
Und zum Schluss etwas über den Autor 94

Auf ein Wort vorab

- Praxis Schauspiel will anregen, sich mit der „klassischen" Schauspielpädagogik zu beschäftigen, ohne dem Ehrgeiz einer wissenschaftlichen Arbeit zu erliegen, objektiv beschreiben zu müssen, was dieser oder jener Schauspielpädagoge, wann, wo und wie gemeint hat. Vielmehr zeigt Praxis Schauspiel (am Beispiel der Figuren Romeo und Julia) subjektiv und spielerisch, wie dass, was die Väter der Schauspielpädagogik entwickelt haben, heute angewendet werden kann. Der Weg, den Praxis Schauspiel bei seiner Reise durch die „klassische" Schauspielpädagogik gewählt hat, folgt der Route: Körper, Rhythmus, Atmosphäre, sensorische Erinnerung und Verstand. Anschließend werden kurz die Biographien der „klassischen" Schauspielpädagogen vorgestellt.

- Auf dieser Basis gibt Praxis Schauspiel Hilfen für den Einstieg in die Probenarbeit, mit denen die Arbeit an einer Inszenierung erleichtert und Tipps und Anregungen gegeben werden sollen, die die Phantasie der Spielleiterinnen und Spielleiter anregen und den Mut fördern, neue unkonventionelle Wege zu erproben.

- Außerdem bietet Praxis Schauspiel thematisch organisierte Theaterstücke an, weil die gängigen Schauspielführer meist nach Autoren geordnet sind, was das Finden von Unterrichts- und Projektthemen sehr schwer macht.

- Und Praxis Schauspiel stellt für alle, die nicht mit einem geschriebenen Theaterstück arbeiten wollen, eine Art theaterpädagogischen Gemischtwarenladen mit Vertrauensspielen und Improvisationstechniken vor. Sprich: Ein Gebrauchstheater für (fast) alle Fälle, wenn es darum gehen soll, kreativ Stellung zum Leben zu nehmen.

- Dabei wird das Arbeitsheft Praxis Schauspiel von drei Kursen der Veranstaltungsreihe „Stanislawski and Friends" begleitet. Das Ziel ist, in einer Art Baukastensystem die Theorie (das Buch) und die Praxis (das Kursangebot) miteinander zu verknüpfen und , die eigene theaterpraktische Phantasie zu beflügeln und neue Wege zu erproben. Die Leserinnen und Leser bekommen für ihre eigene praktische Arbeit, zum Beispiel im Fach Darstellendes Spiel, nicht nur ein Fachbuch in die Hand, sondern haben die Gelegenheit, das gelesene Wort im Rahmen einer Fortbildung praktisch zu erproben. Mehr zu den Kursen der Veranstaltungsreihe „Stanislawski and Friends“ gibt es zum Ende des Buches.

- Im Zuge der Gleichberechtigung und weil es so viele Bücher gibt, in denen nur die maskuline Form verwendet wird, nutze ich bei der Beschreibung der Übungen nur die feminine Form „Spielleiterin“; trotzdem sind natürlich auch die männlichen Kollegen angesprochen.

- Zur besseren Orientierung ist unter dem Übungstitel eine Symbolleiste eingefügt worden, die die wichtigen Informationen über die Art der Übung auf einen Blick liefert.

Die Symbole und ihre Bedeutung

🕘	Dauer der Übung (Die angegebenen Zeiten sind eine grobe Orientierung)
🚹	Einzelübung
🚹 🚹	Partnerübung
🚹 🚹 🚹	Kleingruppenübung
🚹 🚹 🚹 🚹	Ganze Gruppe
☞ Seite	Anschlussübungen/Querverweise
[1]	Die Zahlen in den eckigen Klammern sind Lesetipps

Eine Reise durch die „klassische" Schauspielpädagogik

Marco Schober (†)
Woyzeck
Kuppelhalle des neuen Rathauses Hannover, 1992

1. Der **Körper** bei Stanislawski, Tschechow und Grotowski

Eines der sichersten und auch gebräuchlichsten Instrumente in der Rollenarbeit ist der Körper. Ziel der psycho-physischen Handlung (Stanislawski), der psychologischen Gebärde (Tschechow), der Biomechanik (Meyerhold) bzw. der via negativa (Grotowski) ist es, über den Körper eine dramatische Figur zu wecken.

Wenn man zum Beispiel beim Lesen dieses Textes oder im seinem Alltag auf die Körperhaltungen in einer fröhlichen oder einer ärgerlichen Situation achtet und man beobachtet, was diese oder jene Bewegung automatisch an emotionalen Veränderungen mit sich bringt, wird deutlich, was hier umrissen werden soll: Die Aktionen des Körpers wirken auf die Seele wie ein Lockmittel. Der Körper ist sozusagen Gradmesser der seelischen Temperatur. Im Idealfall verschmelzen Körper und Seele zu einer gemeinsamen Aktionseinheit. Im folgenden wird diese anhand der Figuren Romeo und Julia aus dem gleichnamigen Theaterstück von William Shakespeare vorgestellt.

10 Min.

„Die Methode der psycho-physischen Handlung"

Stanislawski

Mit der Methode der psycho-physischen Handlung meinte Stanislawski alle Aktionen, die helfen können, die für die Figur der Julia notwendigen Emotionen zu mobilisieren.

Jeder Mensch handelt anders, um ein bestimmtes Ziel zu erreichen. Auf der Bühne wird nach jenen Handlungen gesucht, die der Vorstellung der Julia am meisten entsprechen könnten und wenn diese

Handlungen, wie im wirklichen Leben, logisch und folgerichtig ausgeführt werden, kommt automatisch die Figur der Julia zur Welt.
Die Spielleiterin achtet darauf, dass alle Handlungen sich so oder so ähnlich auch im wirklichen Leben abspielen könnten. Deshalb kann sie immer wieder unterbrechen und nachfragen, bis die Spielerinnen und Spieler einen Weg gefunden haben, ihre Gefühle über Handlungen auszudrücken und nicht im schlechten Sinne des Wortes Theater zu spielen. Zwei Anwendungsgebiete können bei der Methode der psycho-physischen Handlung voneinander unterschieden werden:
Erstens: die psycho-physische Handlung in der Probenarbeit. In den Proben sucht man die Handlungen bzw. Aktionen des Körpers auf, die helfen können, die Emotion (unsicher zu sein) zu wecken und gezielt einzusetzen: wenn zum Beispiel Julia in einer U-Bahn ihrem Romeo gegenüber sitzt, ihn einmal anschaut, wieder wegschaut und noch einmal zu ihm hinschaut.
Zweitens hat Stanislawski mit der Methode der psycho-physischen Handlung ein Instrument für die Aufführung zur Verfügung gestellt, das es ermöglicht, die in den Proben gewonnenen Erfahrungen als Julia, wie auf einem Merkblock zu notieren und zu fixieren (Romeo anschauen, dann den Blick auf den Boden richten und erneut hinschauen).
Der Körper eines Menschen wirkt quasi wie die Spule, auf der der Film über das Wesen der Rolle (Julia) gedreht wird. Die psycho-physische Handlung ist dann der Projektor, auf dem dieser Film für die Zuschauer sichtbar abgespielt werden kann.
Die Methode der psycho-physischen Handlung ist in Stanislawskis schauspielpädagogischem Konzept sehr eng verbunden mit den W-Fragen, der vorgeschlagenen Situation und dem „Was wäre, wenn...“.
[1, 6, 17] ☞ Seite 25-27

„Die plastischen Elemente“ Grotowski

10 Min.

In der Arbeit mit den plastischen Elementen sollen alle Gelenke (Schultern, Brust, Becken, Ellenbogen, Knie-, Hand- und Fußgelenk) gleichzeitig in kreisende Bewegung gebracht werden.
Für den Anfang sollte man sich auf ein oder zwei Elemente beschränken: Die ganze Gruppe kann zeitgleich in Paaren arbeiten. Die Partner sollten darauf achten Blickkontakt zueinander zu haben.
Die Aufgabe ist es, mit diesen plastischen Elementen eine Geschichte (erste Liebe) zu „erzählen“. Dabei können und dürfen auch ganz private Gedanken mit Hilfe der Elemente ausgedrückt werden. Die Erfahrung zeigt, dass es etwas Übung kostet, bis die Gedanken an die plastischen Elemente angebunden sind. Es sind nicht einfach mechanische Bewegungen, sondern Worte, die der Kopf und das Herz mit dem Körper formulieren. So „erzählt“ Romeo zum Beispiel mit den Handgelenken von seinem ersten Liebesabenteuer. Oder er „sagt“, dass er der Meinung ist, dass seine Kollegin (Julia) einen wunderschönen Mund hat und dass er sie jetzt am liebsten küssen möchte.
Man kann also Dinge ansprechen, die man sonst lieber geheim halten würde, weil man sich in einer „Sprache“ unterhält, die nicht wirklich verstanden, sondern nur interpretiert werden kann. Somit kann der Spieler des Romeo etwas los werden, was ihm auf der Seele brennt und vielleicht beim Spielen hindert, ohne Angst haben zu müssen, dass über ihn gelacht oder er schief angeschaut wird.
In einem zweiten Arbeitsschritt können die plastischen Elemente auf den Text angewendet werden. Dabei wird der Text zunächst über die plastischen Elemente ausgedrückt und dann mit den Elementen zusammen gesprochen.
Im weiteren Verlauf sind die Augen und die Phantasie der Spielleiterin gefragt, denn nun werden die plastischen Elemente Schritt für Schritt soweit zu-

rückgenommen, dass sie mit dem Text zusammen eine „realistische" Handlung ergeben könnten.
Ob und wann im Rahmen einer Inszenierung die „plastischen Elemente" am besten zum Einsatz kommen, liegt in der Hand der Spielleiterin. Als Spielleiterin sind Sie zur Zeit in einer Schauspielschule und bekommen einen Grundlagenkurs verabreicht, der dass was die klassischen Schauspielpädagogen hervorgebracht haben, vorstellt und neu gliedert.

„Das Prinzip der psychologischen Gebärde"

🕘 10 Min.

Die Gruppe sitzt in einem Kreis zusammen. Ein oder zwei von den sich zufällig ergebenden Haltungen werden herausgegriffen und benannt. Alle sollen versuchen, diese Haltung nachzustellen und zu beschreiben, ob und wie sich das eigene innere Befinden durch diese neue Haltung verändert hat.
Tschechow versteht unter einer psychologischen Gebärde den auf den Punkt gebrachten körperlichen Ausdruck einer Emotion, also das, was typisch zum Beispiel für Freude ist (sich nach oben öffnende Arme).
Die psychologische Gebärde ist bei Tschechov eine Art Skizzenblock für das Innenleben der Figur.
In den Proben zu einem Stück kann die psychologische Gebärde helfen, sich über die Art und Weise einer Emotion (Freude) bewusst zu werden. Zudem hilft die psychologische Gebärde, wenn ein Übergang zwischen zwei Emotionen (Freude und Angst) gesucht wird. Also wenn, die Frage im Raum steht: Wann und wie die Freude in Angst umschlägt oder umgekehrt. [2, 12]

„Die psychologische Gebärde“ Tschechow

20 Min.

Um die Wirkung der psychologischen Gebärde zu erproben, werden verschiedene Emotionen (Freude und Angst) anhand von zwei Sätzen aus der Balkonszene (aus Romeo und Julia) benannt. Für diese Emotionen soll ein körperlicher Ausdruck, eine Art Standbild, gesucht werden. Hilfreich kann es sein - für Freude oder Angst - im Vorfeld ein Strichmännchen malen zu lassen. Diese Bilder werden miteinander verglichen, indem die Spielleiterin drei bis vier Gruppenmitglieder auf die Bühne bittet und sie auffordert, sich in die Position ihres Strichmännchens zu stellen.

Ist ein gemeinsamer Nenner für die Emotion Freude gefunden worden (sich nach oben öffnende Arme), wird in gleicher Weise mit der Emotion Angst verfahren, und dann mal schnell oder mal langsam zwischen der Haltung für Freude und Angst gewechselt. Wenn die Spielleiterin, diesen Wechsel mit einem „Stopp“ unterbricht, so dass die Spieler in der Bewegung „einfrieren“, kann nach den Tönen, die zwischen diesen Emotionen liegen, gesucht werden. [2,12]

2. Der **Rhythmus** bei Stanislawski

Die Arbeit mit dem Rhythmus ist schon von Stanislawski als einer der direktesten Zugänge zu einer Figur beschrieben worden. Der Rhythmus wirkt dabei wie eine Startbahn in die Figur der Julia und fördert den Ensemblegeist. [1]

„Laufen in einem gemeinsamen Rhythmus"

🕘 10 - 20 Min.

Die ganze Gruppe soll 10 bis 20 Minuten durch den Übungsraum oder einen Park mit dem gleichen Rhythmus laufen. Der jeweils Schwächste bestimmt das Tempo.

„Wende im Kreis"

🕘 5 -10 Min.

In einem großen Kreis konzentriert sich die Gruppe auf dessen Mitte. Man kann sich vorstellen, über einen unsichtbaren Faden mit einer Stange, die den Mittelpunkt des Kreises markiert, verbunden zu sein.
Die Gruppe setzt sich in Bewegung und läuft einen Kreis. Die Konzentration liegt auf der Kreismitte, damit jeder jeden sehen kann. Gemeinsam soll, auf das Zeichen der Spielleiterin (Händeklatschen), die Laufrichtung geändert werden. Das Kommando zum Richtungswechsel kann später auch aus der Gruppe gegeben werden.
Funktioniert die Änderung der Laufrichtung, wird auf das akustische Zeichen (Händeklatschen) verzichtet. Der Richtungswechsel wird dann dadurch eingeleitet, dass sich einer aus der Gruppe umdreht und in die Gegenrichtung läuft. Er beginnt mit der Wende, wenn er meint, dass es nun aber genug da-

mit ist, in diese eine Richtung zu laufen. Dabei gibt er den anderen die Zeit, die nötig ist, um auf die Richtungsänderung zu reagieren.
Ist die Gruppe gut aufeinander eingespielt und wach füreinander, ist es einem Außenstehenden fast nicht möglich zu bestimmen, von wem der Impuls für den Richtungswechsel ausgegangen ist. Die Gruppe reagiert auf den Impuls zum Wenden, wie eine Person.

„Take and shut"

5 -10 Min.

Wieder stehen alle in einem Kreis zusammen. Auf das Wort „take" greift jeder hinter sich und nimmt gedanklich den Ärger des Tages auf, trägt ihn vier Schritte auf die Kreismitte zu und macht den Rhythmus mit den Füßen und/oder der Stimme hörbar.
Auf „shut" werfen alle gleichzeitig den aufgenommenen Gedanken in den Mittelpunkt des Kreises und schließen ihn damit ab. Die Gruppe geht wieder auseinander und alle nehmen auf „take" einen neuen Gedanken auf. Es muss ja nicht immer etwas Ärgerliches sein, was mitgebracht wird, um es mit einem „shut" in die Kreismitte zu werfen und abzuschließen.
Die Gruppe soll immer zusammen bleiben. Das Tempo darf und soll variieren können. Schneller oder langsamer werden ist erlaubt. Ein gemeinsamer Schlusspunkt sollte gefunden werden. Wenn alle stehenbleiben und keiner mehr einen Impuls zum Weitermachen hat, ist die Übung zu Ende und ein kurzer Erfahrungsaustausch kann beginnen.

„Rhythmus und Textarbeit"

🕘 10 Min.

Die Gruppe steht in einem Kreis und baut einen gemeinsamen Rhythmus auf. Eine Julia steht getragen durch diesen Rhythmus in der Mitte des Kreises, und ein Romeo geht außen um den Kreis herum. Beide sprechen dann mit oder gegen den Rhythmus ihren Text.

Diese Übung kann auf sehr unterschiedliche Weise variieren. Romeo und Julia können beide innerhalb des Kreises oder außerhalb sein und sich jagen.

Sie können von innen nach außen wechseln.

Oder es werden zwei Rhythmusgruppen gebildet. Die eine unterstützt Julia in ihrem Text mit drei Schlägen in die Hände, während Romeo in seinem Text von der anderen Gruppe mit vier Schlägen gestützt wird. Natürlich können statt der Hände auch die Füße verwendet werden. Beide Gruppen dürfen sich frei im Raum bewegen, aufeinander zu oder voneinander weg gehen.

In der Probenarbeit sind die Übungen aus dem Bereich Rhythmus zu empfehlen, um:

- das Gemeinschaftsgefühl der Spielerinnen und Spieler untereinander zu stärken.
- eine Julia zu fördern, mehr aus sich herauszukommen.
- Romeo und Julia in einem sehr großen oder lauten Raum (Aula, Fabrikhalle, Pausenhof) spielen zu können.
- einen Romeo zu unterstützen, der zu leise, zu langsam oder zu schnell spricht.

3. Die **Atmosphäre** bei Stanislawski und Tschechow

Die Vögel singen, ein Hund bellt und dann Stille. Stanislawski hatte zunächst versucht, über Stimmungen und Atmosphären in eine Figur (Romeo oder Julia) einzuführen. Später hat er seine Methode der psycho-physischen Handlung in den Vordergrund gestellt. Michael Tschechow, ein Schüler von Stanislawski, hat diesen ersten Ansatz aufgegriffen und ausgebaut. Er unterschied zwischen den individuellen Gefühlen, von denen mehrere an einem Ort und zu einer Zeit vorhanden sein können, und der Atmosphäre, die bestimmend für einen Ort zu dieser Zeit ist. Die individuellen Gefühle ordnen sich, so Tschechow, der entsprechenden Atmosphäre unter.[2]

„Die Textanalyse“

10 Min. Die Spielleiterin sucht aus dem Text eine kurze Passage (anfangs 3 – 4 Sätze) heraus, so dass Romeo und Julia praktisch die gleiche Textmenge zu bewältigen haben.

Diese Textpassage soll, von allen gleichzeitig, jeweils zu zweit, abwechselnd mal laut (schreiend), mal leise (flüsternd), mal schnell und mal langsam gelesen werden. Die Spielleiterin benennt dann verschiedene Emotionen (verliebt, ängstlich, eifersüchtig, betrunken oder als alter Mann/alte Frau), mit denen der Text extrem überzeichnet gesprochen werden sollte.

Diese Emotionen müssen nicht augenscheinlich mit dem Text in einem Zusammenhang stehen. Es geht darum, dass die Romeos und die Julias erleben, wie vielfältig die Möglichkeiten der Interpretation eines Textes sein können.

„Die Wanderung der Bühnenbildner"

20 Min.

Auf dem Weg zur Probe hat sich die Spielleiterin verschiedene Räume und Plätze (auch ungewöhnliche Orte, wie zum Beispiel das Jungen- oder Mädchenklo) ausgesucht, an denen eine Passage aus der Balkonszene gespielt werden könnte.
Die Romeos und Julias aus der vorgenannten Übung bleiben zusammen und suchen sich auf einem gemeinsamen Rundgang einen dieser Orte aus. Sie sollen sich von der Atmosphäre des jeweiligen Raums anstecken lassen, denn wie von Geisterhand bekommt ein und derselbe Text je nachdem, an welchem Ort er gespielt wird, eine andere Bedeutung.
Die Spielleiterin kann sich die Arbeitsergebnisse der einzelnen Gruppen ansehen und Hinweise geben, wie die Szene verbessert werden könnte. Ein gemeinsamer Rundgang, bei dem alle Szenen an dem jeweiligen Ort präsentiert werden, schließt die Übung ab.

4. Die **sensorische Erinnerung** bei Stanislawski und Strasberg

Neben dem Gedächtnis für Namen, Zahlen und Bewegungsabläufe hat jeder Mensch auch ein Gedächtnis für erlebte Emotionen, die zu einer Verbindung von ähnlichen Emotionen zusammengefasst werden. Das Ergebnis ist eine komprimierte Ansammlung der emotionalen Erfahrungen (beispielsweise verliebt sein).
Eigentlich alle Schauspielpädagogen versuchten, einen Zugang zu diesen komprimierten Emotionsverbindungen herzustellen. Aber die Emotionen, die ein Mensch zum Beispiel mit der Figur der Julia und des Verliebtseins in Verbindung bringt, werden nicht direkt angesprochen. Vielmehr wird im Laufe der Probenarbeit ein Rahmen abgesteckt, in dem sich die komprimierte Emotion (verliebt sein) über das Spiel der Figur Julia entfalten kann. Es werden, ähnlich wie es Pawlow (1849 - 1936) mit seinem Hund versucht hat, zum Beispiel über die sensorische Erinnerung jene „bedingten Reflexe" gesucht, die mit der höchst möglichen Wahrscheinlichkeit eine bestimmte Emotion und eine entsprechende körperliche Reaktion auslösen können.
So könnte die Atmosphäre eines Raums, ein Gegenstand oder ein bestimmter Geruch zum Auslöser der Emotion (verliebt sein) werden. Der Umweg über die sinnliche Wahrnehmung (der Geschmack der Lippen beim ersten Kuss), stimuliert die Emotion (verliebt sein) zu einer größeren Wahrhaftigkeit.

„Den Tag Revue passieren lassen"

🕘 10 Min

Die Spieler sollen im Arbeitsraum umhergehen und den bisherigen Tag noch einmal vor ihren geistigen Augen Revue passieren lassen. Sie konzentrieren sich auf die sinnlichen Eindrücke, zum Beispiel auf dass, was auf dem Frühstücksteller lag, wie es gerochen hat, als man aufgewacht ist oder wie das Wetter auf dem Weg zur Probe war.
Die Spieler sollen den Tag vom Aufwachen bis zu dem Moment, an dem die Erklärung dieser Übung abgeschlossen ist und das Spiel begonnen hat, noch einmal durchdenken.
Wer seine Rückschau beendet hat, bleibt stehen und wartet ab, bis die anderen aus der Gruppe soweit sind. Ein kurzes „Wie war's?" kann diese Übung abschließen.

„Die sensorische Erinnerung" Strasberg

🕘 10 Min.

Die Spielerin der Julia soll sich, während sie von einer wichtigen Situation in ihrem Leben berichtet (der erste Kuss), an all die sinnlichen Eindrücke erinnern, die sie in dieser Situation wahrgenommen hat oder glaubte wahrgenommen zu haben. Dazu setzt sie sich auf einen Stuhl.
Während sie erzählt, achten die anderen in der Gruppe auf das, was sich - sichtbar und unsichtbar - bei ihr und im Bühnenraum verändert. Die Spielleiterin kann, wenn nötig, Fragen stellen, die helfen sollen, die Beschreibung der sinnlichen Eindrücke zu konkretisieren. Also zum Beispiel nach der Farbe des Tisches fragen, an dem sie mit ihrem Liebsten gegessen hat, oder sich den Duft der Blumen beschreiben lassen, die er ihr geschenkt hat. [3]

„Wie eine Röntgenaufnahme von der Figur“ Strasberg

5 Min.

Es kann vorkommen, dass die Spielerin der Julia den Ausdruck einer Emotion zu sehr durch unbewusste Handlungen überlagert oder unterdrückt. An dieser Stelle setzte Lee Strasberg mit seiner „Röntgenaufnahme“ an. Ohne die geringste äußere Handlung soll der Blick auf das Wesentliche einer Emotion freigegeben werden.

Aufgabe: Im Vorfeld lernt man ein bis zwei Sätze auswendig, die einem an dem Text der Julia ganz besonders am Herzen liegen. Die Spielerin wird auf die Bühne gebeten und aufgefordert, sich nicht mehr zu bewegen, auch nicht mit dem kleinen Finger. Die Erfahrung zeigt, dass es beim Stillstehen hilft, sich einen Punkt in Augenhöhe zu suchen und sich auf diesen Punkt mit dem Blick zu konzentrieren.

Die Spielleiterin fordert die Spielerin auf, den vorbereiteten Text zu sprechen und eine Melodie zu summen, die ihr gerade in den Sinn kommt, wenn sie an Julia denkt. Immer wieder achtet die Spielleiterin darauf, dass sich die Spielerin der Julia nicht im geringsten bewegt. Pedanterie vermeiden! So eingestimmt soll der vorbereitete Text („Glaub mir, Liebster, es war die Nachtigall.“) gesprochen werden. Text und Melodie wechseln sich gegenseitig ab. Auch die Lautstärke soll nach den Anweisungen der Spielleiterin immer wieder verändert werden: also zum Beispiel mal leise die ausgedachte Melodie summen oder den gelernten Text („Glaub mir, Liebster, es war die Nachtigall.“) schreien, mal laut die Melodie grölen oder den Text („Glaub mir, Liebster, es war die Nachtigall.“) flüstern.

5. Der **Verstand** bei Stanislawski und Brecht

Der Kopf ist das Instrument, mit dem man anscheinend am besten umgehen kann. Die logische und folgerichtige Denk- und Handlungsweise bringt zwangsläufig das richtige, der Situation (Abschied) und der Figur (Romeo und Julia) entsprechende Gefühl mit sich.

„Die vorgeschlagene Situation" Stanislawski

Stanislawski meinte mit der „vorgeschlagenen Situation" die von einem Autor gemachte Beschreibung einer Szene in einem Theaterstück. Zum Beispiel: „Romeo und Julia treten oben am Fenster auf". Und dazu ist von Julia der Text „Willst du schon fort?" zu sprechen.
Jede vorgeschlagene Situation kann durch die Spielleiterin oder Julia selbst erweitert und ergänzt werden. Der Phantasie sind keine Grenzen gesteckt. Der Balkon kann groß oder klein sein, es kann hell oder dunkel sein, Tag oder Nacht, warm oder kalt.
In der Kombination mit dem „Was wäre, wenn..." ist die vorgeschlagene Situation eine tragfähige Brücke in das Reich der Emotionen und gibt dem Text: „Willst du schon fort?" eine jeweils andere Bedeutung.[1]

„Was wäre, wenn..." Stanislawski

Eine vorgeschlagene Situation sollte so ausgeschmückt werden, dass sie wie eine tatsächlich vorhandene reale Situation erscheint.

Für Stanislawski ist das Wort „wenn" kein gewöhnliches, sondern ein „magisches oder schöpferisches" Wort. Es wirkt wie ein wunderbarer Zauber für eine vorgeschlagene Situation. Die Spieler der Julia und des Romeos stellen sich nämlich die Frage: „Was wäre, wenn diese oder jene vorgeschlagene Situation keine ausgedachte, der Phantasie des Autors entsprungene Situation wäre, sondern eine wahre Begebenheit, die sich in diesem Moment zuträgt. Ja, was sollte, würde und müsste ich dann tun?" Aus der Antwort ergibt sich quasi „automatisch" eine dieser Situation angemessene psychophysische Handlung. Das klingt komplizierter als es eigentlich ist. Für das Beispiel mit der Balkonszene bedeutet das, dass man sich nach bestem Gewissen und im vollen Ernst die Frage stellt: „Was wäre, wenn... ich jetzt nicht hier sitzen und lesen würde, sondern auf einem verdammt engen Balkon wäre, es sehr kalt wäre und regnen würde? Wie würde ich mich dann verhalten?"[1]

☞ Seite12

„Was müsste passiert sein, damit..." Wachtangow

Wachtangow, auch ein Schüler von Stanislawski, formulierte später das magische „wenn" neu. Er fragt: „Was müsste in meiner Biographie passiert sein, das mich dazu motivieren würde, so zu handeln wie es der Romeo in dem Stück tut?"

Sein Anliegen war es, dem Spieler zu helfen einen Zugang in jenen Teil der Emotionen herzustellen, in dem eine zunächst sehr fremd erscheinende Rolle aufzufinden ist.

„Die W-Fragen" Stanislawski

Die W-Fragen (Wer, Wann, Wo, Was, Wie, Warum und Weshalb) sind wie das Geländer der Brücke, das in die Emotion (verliebt sein) führt. An diesem Geländer kann man sich gerade, wenn man als Spielerin der Julia seine ersten Schritte geht, festhalten. Die W-Fragen helfen in einer vorgeschlagenen Situation auf die Sprünge. Sie geben ihr quasi das Fundament.
Die Spielerin der Julia fragt sich, wann, wo und wer sie ist, wie sie hierher gekommen ist und warum sie sich bei diesem kalten Regenwetter auf diesem verdammt engen Balkon aufhält und was sie als Nächstes vorhat. Zum Beispiel mit Romeo wieder rein zu gehen, sich ins Bett zu legen und zu kuscheln. [1]

„Der Kommentar" Brecht

Stanislawski war einer naturalistischen Theaterauffassung verbunden. Das Mitgefühl mit der darzustellenden Figur stand bei der Entwicklung seines schauspielpädagogischen Programms im Vordergrund. In Brechts Augen ist man als Schauspieler aber ein reflektierender Mensch, der kreativ in der Öffentlichkeit arbeitet und deshalb eine Verantwortung für das Voranschreiten des gesellschaftlichen Diskurses übernommen hat. Man sollte sich dieser Verantwortung bewusst sein und das Handeln seiner Figur reflektieren und kommentieren können. Man ist verpflichtet, Stellung zu dem, was man auf der Bühne darstellt, zu beziehen, aus seiner Figur auszusteigen und als reflektierender Mensch vor die Zuschauer zu treten und zum Beispiel zu sagen, was man davon hält, einen Romeo spielen zu müssen, der sich aus dem Staub macht und seine Julia in die-

ser fürchterlichen Kälte allein lässt, nur weil man Angst hat, die Eltern könnten kommen.
Der Kommentar wäre dann bei Brecht mehr ein theaterästhetisches und vor allem gesellschaftspolitisches Instrument als ein schauspielpädagogisches. [5,17,18]

Das kleine ***„Who is Who?"*** der „klassischen“ Schauspielpädagogik.

Zur Zeit des Sokrates (sagt man) war das Theater noch wie ein Marktplatz. Ein Ort der gesellschaftlichen Diskussion. Ein Platz, an dem Gemeinschaft gelebt und erlebt werden konnte. Nur musste Sokrates aus dem Schierlingsbecher trinken; die Römer kamen und gingen mit ihren Zirkusspielen unter; das Mittelalter gehörte den Gauklern, der Kirche und den Fürsten.
Die Gaukler wurden von Gottsched vertrieben und die Fürsten blieben, bis das Theater zu einem Ort wurde, an dem die Bürger ihre Rechte gegenüber dem Adel proklamieren konnten und die „klassischen" Schauspielpädagogen nach und nach zur Welt kamen. Der Naturalismus und die sich um 1900 entwickelnde Psychologie waren so etwas, wie die Hebamme für die klassische Schauspielpädagogik. [17, 18, 19]

Und **Konstantin Sergejewitsch Stanislawski (1863-1938)** war der Stammvater der klassischen Schauspielpädagogik. Mit ihm, dem Sohn einer Moskauer Fabrikantenfamilie, die eigentlich Alexejew hieß, wuchs ein Theaterliebhaber heran, der im Alter von 35 Jahren sein Hobby zum Beruf machte und den Boden bereitete, auf dem sich die „klassische“ Schauspielpädagogik entfalten konnte. So hat Stanislawski im Laufe seines Lebens viel gelesen, geschrieben und wieder umgeschrieben. Er suchte bis zu seinem Tod nach den richtigen Worten für das, was er in der praktischen Arbeit entwickelt hat. Er unterrichtete und inszenierte. Immer wieder hat Stanislawski ein Theater oder eine Schauspielschule eröffnet und ist, auch wenn er, trotz seiner Kaufmannslehre, mit seinen Unternehmen oft vor dem finanziellen Bankrott stand, als Regisseur und Schauspielpädagoge weltberühmt geworden.
Aus dem umfangreichen Material, das Stanislawski hinterlassen hat, wurde die „Methode der psycho-physischen Handlung“, die sehr eng mit den „W-Fragen“, der „vorgeschlagenen Situation“ und dem „Was wäre, wenn...“ verbunden ist, vorgestellt. [1, 17, 18, 19]

Die „Söhne" des Stammvaters der Schauspielpädagogik

Einer der Schüler von Stanislawski, die seine Ansätze weiterentwickelt bzw. andere Schwerpunkte gesetzt haben, war **Wsewolod Emiljewitsch Meyerhold (1874-1940)**. Meyerhold ging im Gegensatz zu Stanislawski aus den Theatergebäuden hinaus, um im Leben selbst zu spielen. Er inszenierte in Fabrikhallen, auf Straßen und Bahnhöfen. Meyerhold wollte, dass die Sowjetbürger mittels des Theaters Stellung zu den Problemen der Zeit beziehen und dazu brauchte er ein allgemein zugängliches Basistraining: seine „Biomechanik". 1939 wurde Wsewolod Emiljewitsch Meyerhold verhaftet, starb in Gefangenschaft und verschwand aus den Geschichtsbüchern der Schauspielpädagogik. [6,17,18,19]
Ähnlich wie es Grotowski mit seinen „plastischen Elementen" versucht hat, wollte auch Meyerhold mit seiner „Biomechanik" körperliche und geistige Hemmungen und Blockaden abbauen und auflösen. Die plastischen Elemente und die Biomechanik sollten, wie eine Startbahn für die Seele in das „Hier-und-Jetzt" wirken. Sie sind als eine Art Basistraining gedacht gewesen, mit dem nach Direktheit und Intensität des Ausdruckes gesucht wurde, während Stanislawski mit seiner Methode der psycho-physischen Handlung die Wahrhaftigkeit eines emotionalen Ausdrucks für eine Inszenierung fixieren und vor allem wiederholbar gestalten wollte. [4, 6]

Michael Tschechow (1891-1955) – der Neffe von Anton Tschechow – geriet, ähnlich wie Meyerhold, in Konflikt mit der Kulturpolitik von Josef Stalin und verließ 1928 die Sowjetunion. Er arbeitete in Berlin mit Max Reinhardt und bemühte sich um eine Mitarbeit bei Rudolf Steiner in Dornach, die aber nicht zustande kam. Schon Anfang der zwanziger Jahre hatte Tschechow Steiner kennen gelernt und war von seinen Ideen sehr angetan. Michael Tschechow ging dann über Paris nach Riga. Er spielte, inszenierte und unterrichtete. 1935 gründete er in England ein eigenes Theater, zu dem auch eine Schauspielschule gehörte. Drei Jahre später siedelte das Unternehmen in die USA über. Tschechow arbeitete neben seiner Tätigkeit als Schauspielpädagoge weiterhin als Regisseur und, wenn auch nur aus ökonomischen Gründen, wie es heißt, als Filmschauspieler in Hollywood. Es waren die Ideen von Konstantin Sergejewitsch Stanislawski und vor allem von Rudolf Steiner, die den Boden bereitet haben, auf dem Tschechow seine Vorstellungen von der Schauspielausbildung formuliert hat, die hauptsächlich in eine anthroposophisch geprägte Ausbildungsrichtung einbezogen worden sind. [2]

Die „Enkel“ des Stammvaters der Schauspielpädagogik

Lee Strasberg (1901-1982) ist heute sicher neben Stanislawski einer der berühmtesten Schauspielpädagogen. Marlon Brando, Marilyn Monroe, James Dean, Jane Fonda und Robert de Niro waren Schüler an seinem „Actors Studio“. Strasberg hat ausgehend von Stanislawskis Methode des „emotionalen Gedächtnisses“ ein eigenes System formuliert.
Die „sensorische Erinnerung“ und eine Übung, die hier unter dem Titel „Wie eine Röntgenaufnahme von der Figur“ vorgestellt wurde, stehen beispielhaft für den Ansatz, den Strasberg verfolgt hat. [3,17].

Der schon erwähnte **Jerzy Grotowski (1933-1999)**, der nach dem Stanislawski-System ausgebildet wurde, beschäftigte sich mit der Frage, wie ein professioneller Schauspieler ein möglichst hohes Maß an Wahrhaftigkeit auf der Bühne herstellen kann. Schauspieler und Regisseure des Staats- und Stadttheaters, die sich nicht mehr den hierarchischen und fremdbestimmten Arbeitsprozessen des bürgerlichen Theaters anpassen wollten, sowie Pädagogen und Sozialarbeiter waren im Zuge der Studentenbewegung auf der Suche nach neuen Lebens- und Arbeitsformen. Jerzy Grotowski entwickelte in dieser Zeit seine Technik der „via negativa“ und wurde für weite Teile des so genannten freien Theaters neben Peter Brook und dem „Living Theatre“ um Julian Beck und Judith Malina zu deren Vorbild. [4,17,18]

Bei **Bertolt Brecht (1898-1956)** bildeten, ähnlich wie bei Meyerhold, gesellschaftspolitische Ziele den Mittelpunkt seiner Theatertheorie. Beide suchten ein Instrument, das auch für normal arbeitende Menschen einen Zugang zum Theater schafft. Um einen Platz in der ersten Reihe der Gesellschaft zu erobern, ist das Köpfchen, neben dem Körper (für den sich Meyerhold entschieden hatte), sehr gefragt. Sicherlich ist es richtig und notwendig, in eine Rolle „einzutauchen“, um die Bandbreite einer darzustellenden Figur zu erkunden. Das hat auch Brecht als Regisseur nie bestritten. Brecht der Autor und Theatertheoretiker hat vielmehr betont, dass ein Schauspieler verpflichtet ist, Stellung zu beziehen zu dem, was er auf der Bühne darstellt, aus seiner Figur auszusteigen und als denkender Mensch vor seine Zuschauer zu treten. [5, 6, 17,18,19]

Es können verschiedene Wege gegangen werden, um die Spielerinnen und Spieler in die „klassische" Schauspielpädagogik einzuführen.

- Sie nutzen im Rahmen einer Inszenierung die Übungen der „klassischen" Schauspielpädagogik.
- Oder Sie veranstalten eine Reise durch die „klassische" Schauspielpädagogik, wie hier beschrieben.

Hilfen für den Einstieg in die Probenarbeit

Lutz Findeisen und Kerstin Selle
Woyzeck
Kuppelhalle des neuen Rathauses Hannover, 1992

1. Für die Arbeit zu Hause

Michael Tschechow versteht eine Figur als ein eigenständiges Wesen, das in der Phantasie geboren wird und im Verlauf der Probenarbeit bis zur Bühnenreife heranwächst. So gibt es für Tschechow auch keine Figuren (Julia), die man nicht spielen kann. Die eigene Julia kennen zu lernen, sie zu hegen und zu pflegen und sie aufzuziehen, ist die Formel. Man ist betroffen und empfindet mit, hat aber alle seine Sinne beisammen und sucht nach einer Lösung für den Konflikt der Julia. Damit bietet die Figur der Julia immer auch die Möglichkeit, das Spektrum der eigenen Persönlichkeit zu erweitern. Julia ist praktisch wie eine gute Freundin, die in einer schweren Lebenslage ist und Hilfe braucht. Aber man sollte als Julia nicht, wie im wirklichen Leben, so wütend werden, dass der Romeo die Probe oder die Vorstellung zum Beispiel mit einem blauen Auge beendet. Das gilt auch, wenn die Regieanweisung heißt: „Julia haut Romeo ein paar aufs Auge". Als Träger einer Geschichte behält man die Kontrolle über die Handlungen der Julia, damit es nicht zu einem Unglück (dem blauen Auge) kommt.
Die Aufgabe der Spielleiterin ist es, darauf zu achten, dass man seine Julia sicher zur Welt bringen kann und für die Zuschauer sichtbar auf die Bühne stellt. Die Spielleiterin ist in diesem Sinne wie eine Hebamme, die sehr sanft und manchmal auch energischer darüber wacht, dass die Geburt für die Mutter (Spielerin) und das Kind (Julia) gut verläuft. Die Hebamme (Spielleiterin) achtet auf das Wohlergehen der beiden in den ersten Tagen und Wochen, kennt viele Tipps und Tricks und kann immer das eine oder andere Mittelchen aus das Tasche ziehen, wenn es der Mutter oder dem Kind mal nicht so gut geht, bis die beiden dann eines Tages alleine zurechtkommen.

„Mal ohne Schauspieler"

Im Vorfeld sollten jene schauspielpädagogischen Wege, mit denen die Spielleiterin das Stück erarbeiten möchte, fixiert werden (Körper, Rhythmus, Atmosphäre, sensorische Erinnerung und Verstand).
Für den Einstieg in eine Inszenierung ist das Zusammenspiel der Übungen aus dem Bereich Atmosphäre („Textanalyse" und „Wanderung der Bühnenbildner") sehr gut geeignet. Die Spiel- und Experimentierfreude der Spielerinnen und Spieler wird geweckt und die Bandbreite der Deutungsmöglichkeiten, die es für eine Szene gibt, bewusst. Denkbar ist in diesem Zusammenhang auch, statt das ganze Stück auf die Bühne zu bringen, sich einige Szenen aus dem Stück herauszusuchen und diese in Form einer Wanderung, zum Beispiel durch die Schule, zu präsentieren. ☞ Seite 20-21
Oder die W - Fragen über Interviews zu beantworten oder die Beschreibung der vorgeschlagenen Situation (beide „Verstand") mit den Spielerinnen und Spielern gemeinsam vorzunehmen, indem jeder wie bei einer Kettengeschichte einen Satz dazu beiträgt, wie Julias Haus, der Balkon und der Garten aussieht. Somit können die genannten Übungen aus dem Bereich Verstand für den Auftakt zu einer Inszenierung gute Dienste leisten. ☞ Seite 25-27
Grundsätzlich hat jeder der in der Reise durch die „klassische" Schauspielpädagogik vorgestellten Ansätze Einfluss auf den Stil der Inszenierung. Eine „Romeo und Julia" - Inszenierung, die mit den Mittel Rhythmus erarbeitet worden ist, wird zwangsläufig ein anderes Gesicht haben, als eine auf der Basis der sensorischen Erinnerung. Die eine Inszenierung zeichnet sich vermutlich durch Tempo und viel Energie aus, während die andere mehr durch Gelassenheit und sinnliche Wahrnehmung leben wird. Deshalb sollen die ästhetischen Mittel, die in

eine Inszenierung einfließen, im Vorfeld grob bestimmt und auf die Gruppe abgestimmt sein.
Die Übungen, die unter dem Prinzip Körper vorgestellt wurden (die psycho-physische Handlung, die plastischen Elemente, die psychologische Gebärde) können im Rahmen der Probenarbeit genutzt werden, wenn an den Rollen gearbeitet wird. Ist für einen Spieler der (schnelle) Wechsel zwischen zwei Emotionen problematisch, kann ihm die psychologische Gebärde zur Seite stehen. Zwar ist nach Tschechov die psychologische Gebärde nicht eins zu eins auf die Bühne zu übertragen, aber sie kann als ein Phantasiebild nach innen genommen werden und somit jederzeit abgerufen werden. Der Spieler wandert damit mühelos von einer zur anderen Emotion. ☞ Seite 15-16
Die vorgeschlagene Situation, das „was wäre, wenn..." und die W-Fragen motivieren eine psychophysische Handlung. Zusammen sind sie bei Stanislawski ein in sich geschlossenes Regiekonzept gewesen, welches auf einem naturalistischen Theaterkonzept beruhte. ☞ Seite 25-27

Aus der Praxis: Beginnt die Spielleiterin die Arbeit an dem Stück, ist es gut, wenn sie noch nicht alles in ihrem Kopf festgeschrieben hat. Sicher ist es schwer, sich von einer tollen Idee verabschieden zu müssen. Aber die Impulse und Interpretationen, die aus der Gruppe kommen, sollten als eine Bereicherung verstanden, geprüft und ausprobiert werden.[2]

Als Vorbereitung empfiehlt sich außerdem:

Ein Theaterstück ist wie ein Körper. Es besteht aus Beinen, Armen, Bauch und Kopf. Die Spielleiterin fragt sich selbst und später die Gruppe, von wo aus begonnen werden soll, das Bild des Körpers (des

Stückes) für die Zuschauer zu zeichnen? Also, soll man vom Kopf oder von den Beinen ausgehen (die chronologische Abfolge) oder erst ein Stück des Kopfes zeichnen und dann die Beine skizzieren, den Bauch markieren und schließlich wieder zum Kopf zurück springen und ihm zum Beispiel die Augen, die Nase und den Mund malen (Vom Anfang über das Ende zur Mitte).

oder...

Die Geschichte über Vor- und Rückblenden erzählen/ inszenieren.
Mit dem Ende der Geschichte beginnen.
Oder alles nach bestimmten Themenkomplexen ordnen.

In dieser Vorbereitungsphase können auch gute Erfahrungen mit dem Zeichnen von Atmosphären für die einzelnen Szenen oder Handlungsabschnitte gemacht werden. Die Spielleiterin nimmt sich dazu ein Blatt und einen Stift und versucht nach dem Lesen einer Szene (in Farben, Formen, Figuren oder als Strichmännchen) die eigenen Empfindungen festzuhalten. Sie kann dabei sowohl mit offenen Augen zeichnen (wie sich das gehört) als auch mit geschlossenen Augen.
Es geht nämlich nicht um die Schönheit der Bilder, sondern darum, die ersten Eindrücke zu fixieren und in der Regel lassen geschlossene Augen einen besseren „Innen-Blick" zu.

2. Die „richtige" Besetzung finden

Gibt es wenig Zeit in der Schule oder im Theater, um ein Stück zu inszenieren, ist die typgerechte Besetzung gefragt. Also zum Beispiel: „Der Hans brüllt doch immer so schön, der kann bestimmt gut den Prahlhans spielen".
Besser ist es, sich Zeit zu nehmen, die Erfahrungswelt des Einzelnen zu erweitern und sie nicht auf einen bestimmten Typus hin, zum Beispiel den Prahlhans, zu fixieren.

„Die praktische Leseprobe"

45 Min.

Die praktische Leseprobe unterscheidet sich insofern von der gängigen Form der Leseprobe, als dass sie nicht am Tisch stattfindet, sondern mit dem Text in der Hand improvisiert wird. Die Spieler sollen den Einfluss des Körpers auf die Sprache kennen lernen. Wie hört sich also der Text von Romeo und Julia an, wenn er im Liegen, im Stehen, im Laufen oder in einem Kopfstand gesprochen wird. Die Spielleiterin achtet darauf, dass zwischen den beiden ein Blickkontakt bestehen bleibt.

„Und als Hausaufgabe zur praktischen Leseprobe"

ohne Angabe

Am Ende der Leseprobe kann sich jeder aus der Gruppe sein eigenes Stück zusammenstellen und zwar, indem er sich fragt: Wenn das Stück nur aus drei Szenen oder Szenenausschnitten bestehen würde, welche dürften dabei auf keinen Fall fehlen?
Die Spieler müssen nicht sofort eine Antwort parat haben, auch wenn der erste Gedanke in den meisten Fällen der beste ist, wie die Erfahrung lehrt.

„Traumreise oder die erste Begegnung mit der Rolle"

15 Min. Als Vorbereitung auf eine Traumreise ist es gut, wenn sich die Spielleiterin mit den Grundlagen des Autogenen Trainings vertraut gemacht hat.
Die Gruppe soll sich entspannt auf den Rücken legen und die Augen schließen. Das Autogene Training dient der Einstimmung auf die Übung und wird in deren Verlauf fortgesetzt („Ihr seid ganz ruhig und entspannt, ganz ruhig und entspannt"). So eingestimmt stellt man sich sein Zimmer zu Hause vor. Man packt ein paar Sachen für eine Reise zusammen („Eure Arme und Beine sind schwer. Ganz schwer. Und ihr seid ruhig und entspannt. Ganz ruhig und entspannt"). Und dann geht, fährt oder fliegt man auf eine Insel. Dort angekommen legt oder setzt man sich ans Wasser. (Die Spielleiterin kann das Kommen und Gehen der Meereswogen zur Entspannung nutzen). Man sieht einen Menschen (Julia) auf sich zu kommen. Die Spielleiterin fragt, wie sich diese Julia bewegt. Hat sie schon ein Gesicht? Welche Musik würde sie hören? Vielleicht wird man von Julia in ihr Haus eingeladen. Wie sieht das Haus aus? Man könnte der Julia eine Frage stellen, zum Beispiel, wie sie sich in einer bestimmten Szene fühlt, die einem Kopfzerbrechen macht, wenn man sie spielen muss.
Im Anschluss an die Traumreise ist die Röntgenaufnahme eine gute Möglichkeit, um die Besetzung für das Stück gemeinsam festzulegen und einen Einblick in die Interpretationen, welche die Spielerinnen und Spieler von einer Rolle haben, zu gewinnen.

☞ Seite 24

„Ein Bild mit geschlossenen Augen malen"

10 Min.

Auch diese Übung ist als Anschluss an die Traumreise sehr gut geeignet, kann aber auch unabhängig davon genutzt werden, um einen ersten Eindruck von Romeo zu fixieren. Man sucht sich aus einem Kasten mit Wachsmalstiften eine Farbe heraus und setzt sich vor ein möglichst großes Blatt Papier, schließt die Augen und malt Romeo oder einfach einen Menschen.
Mit diesem Bild kann dann weiter gearbeitet werden, zum Beispiel indem die Dynamik dieser Zeichnung in eine Körperbewegung umgesetzt wird. Ein fließender Übergang zur „psychologischen Gebärde" ist möglich. ☞ Seite 15-16

„Für das Leiden der Figur einen Leitsatz finden"

10 Min.

Für das Leiden der Julia insgesamt oder für eine Sequenz in dem Stück oder in einer Szene sollen ein Leitsatz bzw. ein Untertext gefunden werden.
Dieser Leitsatz bzw. Untertext kann dann während der Aufführung gedanklich ständig wiederholt werden und somit helfen, in die Figur der Julia hineinzurutschen. [1,2,3]

„Vielfalt spielen lassen - Vielfalt sehen"

10 Min.

Die ganze Gruppe bewegt sich so im Raum, wie sie glaubt, dass sich Romeo bewegen würde. Übertreibungen sind dabei ausdrücklich erwünscht. Und der, der eigentlich den Romeo spielen sollte, schaut nur zu. Er sucht sich jene Handlungen und Aktionen heraus, die ihm am besten gefallen haben und seiner Interpretation bzw. Vorstellung von Romeo am meisten entsprechen. [11]

„Assoziationsmaterial sammeln"

30 Min. Die Spieler sollen Eigenarten bei Menschen, Tieren, Pflanzen und Gegenständen (auch Farben, Formen etc.) beobachten oder sich solche ausdenken, bei denen sich ein Wesenszug zum Beispiel von Julia spiegelt. Also welches Tier, Lebensmittel oder Musikstück könnte die Julia sein, wenn sie nicht eine Figur in dem Theaterstück wäre?

3. Individualität und Sozialgefühl

„Das Bewusstsein der Individualität"
Tschechow

10 Min.

Die Spieler sollen sich vorstellen, wie die Balkonszene aus Romeo und Julia von verschiedenen Menschen gespielt wird. Zum Beispiel von einer berühmten Schauspielerin und einem berühmten Schauspieler, einer guten Freundin und einem guten Freund, einer Lehrerin und einem Lehrer oder einer Politikerin und einem Politiker, den sie (nicht) mögen. Sie sollen dabei versuchen herauszufinden, was das Besondere an der Spielweise dieser unterschiedlichen Menschen ausmacht. Zum Schluss stellen sie sich selbst vor, wie sie diese Szene spielen würden.[2]

„Standbilder"

10 Min.

Die Gruppe wird in Beobachter und Spieler aufgeteilt. Die Spieler bilden Paare mit je einem Romeo und einer Julia.
Ihre Aufgabe ist es, ein Standbild zu der Balkonszene zu bauen. Auf ein Zeichen der Spielleiterin soll sich jedes Romeo- und Julia- Paar die Haltungen der anderen Paare sehr gut einprägen. Nach einem weiteren Kommando der Spielleiterin wandern alle Paare im Uhrzeigersinn ein Standbild weiter und nehmen dort die Haltung des Originalpaares ein.
Die Beobachter registrieren die Veränderungen in den Standbildern, die sich durch den Spielerwechsel ergeben haben.[6]

„Zum Sozialgefühl" Tschechow

5 Min. Die Spielleiterin gibt die Anweisung, die Augen zu schließen und sich vorzustellen, wie man durch ein kleines Loch im Vorhang in den Zuschauerraum schaut, der sich langsam füllt. Es ist ein ganz besonderer Abend, weil entweder nur Arbeiter, Beamte oder Kinder in die Vorstellung gekommen sind.
Frage: Wie werden diese unterschiedlichen Gruppen wohl auf das Stück oder die Inszenierung reagieren? Also lachen die Arbeiter und weinen die Politiker?[2]

4. Der „siebte" Sinn

„Wo sind meine Hände?"

🕘 10 Min.

Zwei Spieler stehen sich gegenüber. Einer von beiden hat die Augen geschlossen. Er soll sagen und nicht zeigen (!!!), an welchen Körperstellen ihn die Hand seiner Partnerin „berührt". Zum Beispiel an der Brust, einer Schulter, einem Unterarm oder auf dem Rücken.
Um die Sache nicht ganz so einfach zu gestalten, darf man sich aber nicht wirklich anfassen, sondern muss immer einige Zentimeter Abstand von der entsprechenden Körperstelle halten.
Die Übung soll das Bewusstsein der Aura fördern, die jeden Menschen „unsichtbar" umgibt.

„Die Wunderheilerin"

🕘 15 Min.

Ein Spieler liegt mit dem Rücken auf dem Boden und schließt die Augen. Eine „Wunderheilerin" hat sich neben ihn gesetzt und legt nacheinander an verschiedene Körperstellen (Oberarm, Brustkorb) ihre Hand und gibt langsam etwas Druck. Schritt für Schritt übergibt die Wunderheilerin ihr eigenes Körpergewicht auf den am Boden Liegenden ab.
Gedanklich geht es darum, dass die Wunderheilerin seinen Körper durchdringt. Von der Kleidung über die Haut und die Blutbahn bis hin zu den Knochen.
Diese Übung ist eine gute Einstimmung für die Röntgenaufnahme ☞ Seite 24

„Die Chakrapunkte"

10 Min.

Chakrapunkte sind jene Körperstellen (Steißbein, Becken, Solarplexus, Herz, Hals, Nasenwurzel und Scheitelpunkt des Kopfes), denen ein bestimmtes emotionales Zentrum zugeordnet werden kann. Die 7 Chakrapunkte können mit Hilfe von 6 Vokalen angesprochen werden, indem Steißbein und Becken gemeinsam über einen Vokal stimuliert werden.

Steißbein und Becken	=	U
Solarplexus	=	O
Herz, Brustkorb	=	A
Hals	=	Ä
Nasenwurzel	=	E
Scheitelpunkt des Kopfes	=	I

Mit dem betreffenden Vokal soll an den jeweiligen Körperstellen ein Ton erzeugt werden. Ein solcher meditativer Durchgang durch die Chakrapunkte beginnt mit dem Steißbein/Becken und geht dann langsam bis zum Scheitelpunkt des Kopfes, um dann wieder zurück zum Becken/Steißbein zu kommen.

Sie haben jetzt das Rüstzeug, das ich Ihnen im Rahmen eines Buches zum Thema Schauspielpädagogik und Regie vermitteln konnte, beisammen. Nun können Sie mit Ihren Schülerinnen und Schülern neue Kombinationen versuchen, sich ausprobieren und eigene Wege gehen. Und vielleicht treffen wir uns ja einmal bei einem der Kurse, die dieses Buch begleiten (wenn Sie das gelesene Wort vertiefen, Fragen haben oder einfach nur mal schnuppern wollen).

Thematisch organisierte Theaterstücke

Ulrich Gösling
Woyzeck
Kuppelhalle des neuen Rathauses Hannover, 1992

Ein Blick hinter die Kulissen der Entwicklung des Kinder- und Jugendtheaters in der Bundesrepublik Deutschland

- Die bekannteste und noch immer gängigste Form des Kindertheaters ist das so genannte Weihnachtsmärchen (Hänsel und Gretel als Opernfassung), die das Stadt- und Staatstheater gerne als Kassenfüller benutzt, und das dazu dient, die Zuschauerbilanz aus einer schlechten Spielzeit wieder etwas aufzupolieren, wie eine böse Zunge behaupten könnte.
  Für die Schauspieler kann eine Veranstaltung mit hunderten von Kindern und dem sie bändigenden Lehr- und Aufsichtspersonal zu einem echten Kraftakt, nicht nur stimmlich, werden.[19]

- Die ehemalige DDR war bis in die 70er Jahre auf dem Gebiet des Kinder- und Jugendtheaters der BRD einen Schritt voraus. Eigenständige Kinder- und Jugendtheater wurden hier schon kurz nach dem zweiten Weltkrieg eröffnet. Leipzig ist das älteste Kinder- und Jugendtheater im deutschsprachigen Raum und wurde mit „Emil und die Detektive“ 1946 eröffnet. Andere folgten 1949 in Dresden, 1950 Berlin und 1965 Halle.
  Starke theaterpädagogische Abteilungen, die sich über die Wende bis heute an den großen Kinder- und Jugendtheatern erhalten haben, zeichnen sich in ihrer Arbeit u.a. durch ein auf die unterschiedlichsten Altersgruppen zugeschnittenes Programm aus.
  Von Bedeutung war auch das Figurentheater mit eigens eingerichteten Ausbildungsstätten.

- Ein emanzipatorisches Kinder- und Jugendtheater, das sich thematisch an den Fragen der Jugend orientiert und diese öffentlich macht, ergab sich in Westdeutschland erst aus der Studentenbewegung. Zum Beispiel wurde 1974 das GRIPS Theater in West-Berlin gegründet.
  In Westdeutschland waren es in erster Linie die damals noch meist kollektiv geführten freien Theatergruppen, die sowohl inhaltlich als auch ästhetisch den Grundstein für das heutige Kinder- und Jugendtheater gelegt haben.

Die etablierten westdeutschen mehrspartigen Theater griffen diese Entwicklung, ein eigenständiges Theater für ein junges Publikum zu produzieren, erst in den 80er Jahren mehr und mehr von den „freien" Gruppen auf.[19]

- In den 80er Jahren kamen vorwiegend aus den skandinavischen Ländern und den Niederlanden Autoren und Stücke mit einer stark sinnlich-poetisch geprägten Ästhetik auf den westdeutschen Markt (Ad de Bont). Sie erweiterten das Spektrum des emanzipatorisch-aufklärerischen Kinder- und Jugendtheaters um eine weitere Komponente, nämlich die eines phantasievollen, sinnlichen Theatererlebnisses, welches eingebunden in eine thematische Auseinandersetzung eine theatralische Kraft entfaltete, die nicht nur Kinder und Jugendliche, sondern ebenso Erwachsene in ihren Bann ziehen kann.[19]

Die Theaterstücke, die ich Ihnen im folgenden vorstellen, sind thematisch geordnet. Außerdem möchte ich Sie anregen, darüber nachzudenken, wie es wäre, Passagen oder Szenen aus den Stücken herauszunehmen oder ein Stück umzuschreiben. Ein freier Umgang mit dem geschriebenen Wort ist ebenso wünschenswert, wie der Mut sich nicht dem Diktat zu unterstellen, ein ganzes Theaterstück von A bis Z auf die Bühne bringen zu müssen.

Lust und Liebe auf einen Blick

Männer

Was heißt hier Liebe?

Romeo und Julia

Nora

Frühlings Erwachen

Die neuen Leiden des jungen W.

Rechtschreibung nach Brockhaus

Für Spieler zwischen 10 bis 13 Jahre

Titel: **MÄNNER**

Autor: Konrad Riggenmann
Besetzung: 6 F/ 9 M
Thema des Stückes: Männer und Frauen

Kurzbeschreibung: Das Stück ist als ein Schimpfwettstreit zwischen Jungen und Mädchen konzipiert. In seiner Form ist es konsequenterweise sehr offen gehalten.
Das Hinzufügen und Einbauen von eigenem Material wird vom Autor ausdrücklich gewünscht.

Erschienen: Deutscher Theaterverlag (Bühnenspiele 259)
Postfach 10 02 61
69442 Weinheim
Telefon: 06201/510 61
Fax: 06201/50 70 82

Titel: **WAS HEISST HIER LIEBE?**

Autor: Theater Rote Grütze
Besetzung: 2 F/ 2 M und ein Musiker
Thema des Stückes: Sexualität

Kurzbeschreibung: Ein Spiel um Liebe und Sexualität für Leute in und nach der Pubertät, in dem über Dinge wie Selbstbefriedigung und Verhütung offen gesprochen wird.
Wie „Frühlingserwachen" (Wedekind) ein „Klassiker" in Sachen Aufklärung.

Erschienen: Verlag Autorenagentur
Neue Schönhauserstr. 19
10178 Berlin
Telefon: 030/2849760
Fax: 030/28497676

Für Spieler zwischen 16 bis 18 Jahre

Titel: **ROMEO UND JULIA**

Autor: William Shakespeare
Besetzung: 4 F/ 23 M
Thema des Stückes: Die Liebesgeschichte schlechthin

Kurzbeschreibung: Romeo und Julia sind bekanntlich sehr verliebt ineinander. Aber sie können sich nur heimlich treffen, weil ihre Familien sehr zerstritten sind und einer Bindung zwischen den beiden nie zustimmen würden.

Erschienen: Reclam Verlag/Verlagslager
Postfach 13 79
71252 Ditzingen
Telefon: 07156/16 30
Fax: 07165/16 31 97

Für Spieler zwischen 16 bis 18 Jahre

Titel: **NORA (Ein Puppenheim)**

Autor: Henrik Ibsen
Besetzung: 4 F/ 4 M
Thema des Stückes: Befreiung der Frau

Kurzbeschreibung: Ein Emanzipationsstück, das 1879 von einem Mann geschrieben wurde und erzählt, wie sich Nora aus ihrer Rolle als Hausmütterchen und „Püppchen" befreit.

Erschienen: Reclam Verlag/Verlagslager
Postfach 13 79
71253 Ditzingen
Telefon: 07156/16 30
Fax: 07165/16 31 97

Titel: **FRÜHLINGS ERWACHEN**

Autor: Frank Wedekind
Besetzung: Ganze Klasse
Thema des Stückes: Schule, Jugend und Sexualität

Kurzbeschreibung: Das Stück beschreibt die Sorgen und Nöte, die junge Menschen beim Erwachsenwerden erleben.
Damals (1890/91) wie heute provokant und aktuell.

Erschienen: Reclam Verlag/Lager
Postfach 13 79
71253 Ditzingen
Telefon: 07156/16 30
Fax: 07165/16 31 97

Für Spieler zwischen 16 bis 18 Jahre

Titel: **DIE NEUEN LEIDEN DES JUNGEN W.**

Autor: Ulrich Plenzdorf
Besetzung: 4 F/ 14 M
Thema des Stückes: „James Dean - Syndrom"

Kurzbeschreibung: Edgar Wibeau haut von zu Hause ab. Er landet in einer Kleingartenkolonie am Rande von Berlin, Hauptstadt der DDR, verliebt sich und jagt sich zum Schluss aus Versehen (oder doch mit Absicht?) in die Luft.

Erschienen: Suhrkamp Theaterverlag
Lindenstraße 29-35
60325 Frankfurt am Main
Telefon: 069/75 60 10
Fax: 069/75 60 15 22

Titel: **RECHTSCHREIBUNG nach Brockhaus (Pubertät)**

Autor: Michail Ugarow (deutsch von Sergej Gladkich)
Besetzung: 2 F/ 2 M
Thema des Stückes: Jugendliche in einer russischen Kleinstadt entdecken ihre Sexualität

Kurzbeschreibung: Aufklärung über die Wirkung der Vokale in der Liebeskunst. Vier junge Leute lernen die Liebe und die Sexualität kennen und schätzen.
Aufgrund der wenigen Rollen (nur vier), bietet es sich an, eine Szene mehrmals in unterschiedlichen Besetzungen zu probieren.

Erschienen: Felix Bloch Erben Verlag
Hardenbergstraße 6
10632 Berlin
Telefon: 030/313 90 28
Fax: 030/312 93 34

Fremde Welten auf einen Blick

Heinzelmänner, Heinzelfrauen oder die große Tat des Zimperlichs

Ab in den Orient-Express

Unser Land heißt Welt

Fremdgeblieben

Doch einen Schmetterling hab ich hier nicht gesehen

Woyzeck

Klassen Feind

Für Spieler zwischen 10 bis 13 Jahre

Titel: **HEINZELMÄNNER, HEINZELFRAUEN ODER DIE GROSSE TAT DES ZIMPERLICHS**

Autor: Wolf - Dietrich Sprenger
Besetzung: 3 F/ 10 M
Thema des Stückes: Ausbeutung von Fremdarbeitern

Kurzbeschreibung: Metzger Schmidt lässt in einem großen Koffer Gastarbeiter aus aller Welt nach Deutschland schmuggeln, damit sie bei ihm in der Schlachterei als billige Arbeitskräfte arbeiten, was auf Dauer natürlich nicht gut gehen kann. Oder doch?

Erschienen: Rowohlt Theater Verlag
Hamburger Straße 17
21465 Reinbeck bei Hamburg
Telefon: 040/7272-270/271
Fax: 040/7272-276

Titel: **AB IN DEN ORIENT-EXPRESS**

Autor: Harry Böseke und Martin Burkert
Besetzung: 6 F/11 M
Thema des Stückes: Ausländerfeindlichkeit

Kurzbeschreibung: Bernd hat gewettet, dass er es eine Woche lang aushält, wie ein Türke zu leben. Er muss ein deutsches Amt besuchen, eine Arbeit finden und ein Mädchen „anmachen".

Erschienen: Deutscher Theaterverlag (E266)
Postfach 10 02 61
69442 Weinheim
Telefon: 06201/510 61
Fax: 06201/50 70 82

Für Spieler zwischen 10 bis 13 Jahre

Titel: **UNSER LAND HEISST WELT**

Autor: Georg Neugart
Besetzung: Ab 15 Schauspieler
Thema des Stückes: Zusammenleben in Deutschland

Kurzbeschreibung: Der Spielort ist eine frisch gestrichene Unterführung, die deutsche und ausländische Jugendliche als Ort für ihre Auseinandersetzung mit Graffiti nutzen und dabei einen Maler zur Verzweiflung treiben.
Aus der Praxis: Die Spielleiterin könnte das Stück in einer wirklichen Unterführung oder einem ähnlichen Ort in oder an der Schule inszenieren.

☞ Seite 21

Erschienen: Deutscher Theaterverlag (Aktuelle Reihe Nr. 10)
Postfach 10 02 61
69442 Weinheim
Telefon: 06201/510 61
Fax: 06201/50 70 82

Für Spieler zwischen 13 bis 16 Jahre

Titel: **FREMDGEBLIEBEN**

Autor: Patros Markaris (deutsch von Nelly Weber)
Besetzung: 2 F/ 10 M
Thema des Stückes: Leben in Deutschland

Kurzbeschreibung: Erzählt werden sieben Geschichten aus der Bundesrepublik Deutschland zwischen 1963 und 1971. Sie beschreiben, wie Gastarbeiter bei uns gelebt haben.
Aus der Praxis: Die Spielleiterin kann mit den Schauspielern selbst solche Erlebnisberichte sammeln und diese mit denen aus dem Stück vergleichen und dann die Kombination aus beiden, Vorlage und eigenem Material, spielen.

Erschienen: Verlag Drei Masken GmbH
Mozartstraße 18
80336 München
Telefon: 089/54 45 69 09
Fax: 089/53 81 99 52

Für Spieler zwischen 16 bis 18 Jahre

Titel: **DOCH EINEN SCHMETTERLING HAB ICH HIER NICHT GESEHEN**

Autor: Lilly Axster
Besetzung: 5 F/ 8 M
Thema des Stückes: Kinder und Jugendliche in der NS-Zeit.

Kurzbeschreibung: Ein Stück über das Lebens von verfolgten Kindern und Jugendlichen im Dritten Reich.

Erschienen: Verlag der Autoren
Schleusenstr. 15
60327 Frankfurt am Main
Telefon: 069/23 85 74 -20
Fax: 069/24 27 76 44

Titel: **WOYZECK - EIN FRAGMENT**

Autor: Georg Büchner
Besetzung: 4 F/ 14 M
Thema des Stückes: Außenseiter und Gewalt

Kurzbeschreibung: Ein Drama, das nicht nur den privaten, sondern auch den in der Gesellschaft vereinsamten Menschen zeigt.

Erschienen: Reclam Verlag/ Verlagslager
Postfach 13 79
71253 Ditzingen
Telefon: 07156/16 30
Fax: 07165/16 31 97

Für Spieler zwischen 16 bis 18 Jahre

Titel: **KLASSEN FEIND**

Autor: Nigel Williams (deutsch von Astrid Fischer - Windorf und August Zirner)
Besetzung: 7 M
Thema des Stückes: Identitätssuche und Gewalt

Kurzbeschreibung: Eine Gruppe von Schülern wartet auf den Lehrer, der sie unterrichten soll. Da aber keiner kommt, beschließen sie, dass jeder selbst einmal den Lehrer spielen soll und versuchen muss, einen interessanten Unterricht zu gestalten.

Erschienen: Felix Boch Erben Verlag
Hardenbergstraße 6
10623 Berlin
Telefon: 030/313 90 28
Fax: 030/312 93 34

Märchen und Moral auf einem Blick

(K)ein Apfel für Scheewittchen

Alle Jahre wieder

Kindergeschichten

Irrfahrt

Das ertrunkene Land

Die Reise ins geschlossene Land

Das kleine Mädchen mit den Schwefelhölzern

Ich hab's satt

Für Spieler zwischen 10 bis 13 Jahre

Titel: **(K)EIN APFEL FÜR SCHNEEWITTCHEN**

Autor: Werner Schulte
Besetzung: 12 Schauspieler
Thema des Stückes: Märchenarbeit, Märchen verändern und befragen

Kurzbeschreibung: Ein Schauspieler will nicht auftreten und bringt damit das Märchen von Schneewittchen ganz schön durcheinander. Ein Theatergeist muss eingreifen und dafür sorgen, dass dann doch fast alles so gespielt wird, wie es sein sollte und die Zuschauer es aus dem Märchen von Schneewittchen kennen.

Erschienen: Deutscher Theaterverlag(TJS 010)
Postfach 10 02 61
69442 Weinheim
Telefon: 06201/510 61
Fax: 06201/50 70 82

Titel: **ALLE JAHRE WIEDER**

Autor: Dirk Bärnwick
Besetzung: 5 F/ 1 M
Thema des Stückes: Emanzipation zu Weihnachten

Kurzbeschreibung: Die Frauen des Weihnachtsmannes (Ehefrau, Mutter, Oma und Schwester) streiken. Der „feine Herr" macht es sich gemütlich, reist in der Weltgeschichte herum. Und wer muss beim Geschenkeeinpacken schwitzen? Die Frauen! Wie immer?

Erschienen: Deutscher Theaterverlag
Postfach 10 02 61
69442 Weinheim
Telefon: 06201/510 61
Fax: 06201/50 70 82

Für Spieler zwischen 13 bis 16 Jahre

Titel: **KINDERGESCHICHTEN**

Autor: Peter Bichsel (Tübinger Fassung: Volker Quandt, Conny Frühauf, Rainer Haußmann)
Besetzung: 2 F/ 2 M Jeder spielt 5 Rollen, so dass insgesamt 20 Rollen vorhanden sind.
Thema des Stückes: Anders sein als die Anderen

Kurzbeschreibung: Es werden vier Geschichten erzählt. Eine handelt von der einsamsten Frau der Welt, die ihre eigene Sprache erfindet und sich dann nicht mehr verständigen kann. Eine andere Geschichte berichtet von einem Mann, der mit seinem Supergedächtnis alles wissen will. Die dritte Geschichte handelt von einem Mann, der nichts mehr wissen will und am Ende chinesisch kann. Und die letzte Geschichte ist die Geschichte einer Frau, die immer geradeaus gehen will.

Erschienen: Gustav Kiepenheuer Bühnenvertriebs GmbH
Schweinfurtherstr. 60
14159 Berlin (Dahlem)
Telefon: 030/897 18 40
Fax: 030/823 39 11

Titel: **IRRFAHRT**

Autor: Gerda Smorra
Besetzung: 8 Schauspieler und 5 Bewegungsspieler
Thema des Stückes: Flucht und Angst von Jugendlichen

Kurzbeschreibung: Eine Tour auf den Spuren von Odysseus durch allerlei Zeitgeist-Erscheinungen und Traditionen. Peny und Ody, zwei Jugendliche, erfahren dabei einiges über ihre Vergangenheit und Ängste.

Erschienen: Theaterstückverlag
Postfach 40 18 44
80718 München
Telefon: 089/36 10 19 47
Fax: 089/36 10 48 81

Für Spieler zwischen 16 bis 18 Jahre

Titel: **DAS ERTRUNKENE LAND**

Autor: Ad de Bont (deutsch von Jochen Neuhaus)
Besetzung: 2 F/ 2 M
Thema des Stückes: Sterben können, Sterben müssen

Kurzbeschreibung: Auf der Suche nach dem ertrunkenen Land stirbt Lotte, und ihr Freund Milo entdeckt das Leben. Eine vor allem poetische Auseinandersetzung mit dem Thema Tod und Leben.

Erschienen: Verlag der Autoren
Schleusenstr. 15
60327 Frankfurt am Main
Telefon: 069/23 85 74 20
Fax: 069/24 27 76 44

Titel: **DIE REISE INS GESCHLOSSENE LAND**

Autor: Bennyé Austring (deutsch von Volker Quandt)
Besetzung: 7 Schauspieler
Thema des Stückes: Ein Leben ohne Wasser und Meer

Kurzbeschreibung: 'Check in' für die „Reise ins geschlossene Land". Die Reiseleiter (die Schauspieler) nehmen die Kinder (das Publikum) in Empfang. Sie helfen ihnen beim Ausziehen der Jacken und führen sie in ein Land, das der neue König abgeriegelt hat. Ein Land, aus dem der Regen und das Meer verschwunden sind.

Erschienen: Harlekin Theaterverlag
Wilhelmstr. 103
72074 Tübingen
Telefon + Fax: 07071/2 38 58

Für Spieler zwischen 16 bis 18 Jahre

Titel: **DAS KLEINE MÄDCHEN MIT DEM SCHWEFELHÖLZCHEN - IN BRASILIEN**

Autor: Volker Quandt (frei nach H.C. Andersen)
Besetzung: 2 F/ 2 M und ein Musiker
Thema des Stückes: Hunger und Armut

Kurzbeschreibung: Ein Mädchen aus den Slums einer Stadt in Brasilien (São Paulo) verkauft auf der Straße Streichhölzer, um ihre Familie zu ernähren. Sie hat Hunger und dieser Hunger bekommt eine Gestalt. Er verfolgt sie. Aber das Mädchen mit den Schwefelhölzchen gibt nicht auf.

Erschienen: Harlekin Theaterverlag
Wilhelmstr. 103
72074 Tübingen
Telefon und Fax: 07071/238 58

Titel: **ICH HAB'S SATT**

Autor: Lilly Axster
Besetzung: 3 F/2 M
Thema des Stückes: Magersucht

Kurzbeschreibung: Die Geschichte von Christina, die sich des Schönheitsideals Schlankheit wegen opfert und abnimmt und abnimmt. So, wie es einmal der Suppenkasper tat. Und zum Schluss ist Christina die Meisterin im Fliegengewicht.

Erschienen: Verlag der Autoren
Schleusenstr. 15
60327 Frankfurt am Main
Telefon: 069/23 85 74 20
Fax: 069/24 27 76 44

Verzeichnis der Stücke

		Seite
Ab in den Orient-Express	von Harry Böseke	58
Alle Jahre wieder	von Dirk Bärnwick	64
Das ertrunkene Land	von Ad de Bont	66
Das kleine Mädchen mit den Schwefelhölzern ...	von Volker Quandt	67
Die neuen Leiden des jungen W.	von Ulrich Plenzdorf	55
Die Reise ins geschlossene Land	von Bennyé Austring	66
Doch einen Schmetterling hab ich hier nicht ...	von Lilly Axster	61
Frühlings Erwachen	von Frank Wedekind	54
Fremdgeblieben	von Patros Markaris	60
Heinzelmänner, Heinzelfrauen...	von Wolf-D. Sprenger	58
Ich hab's satt	von Lilly Axster	67
Irrfahrt	von Gerda Smorra	65
Kindergeschichten	von Peter Bichsel	65
(K)ein Apfel für Schneewittchen	von Werner Schulte	64
Klassen Feind	von Nigel Williams	62
Nora	von Henrik Ibsen	54
Männer	von K. Riggenmann	52
Rechtschreibung nach Brockhaus	von Michail Ugarow	55
Romeo und Julia	von W. Shakespeare	53
Unser Land heißt Welt	von Georg Neugart	59
Was heißt hier Liebe?	von Theater Rote Grütze	52
Woyzeck	von Georg Büchner	61

Verzeichnis der Autoren

		Seite
Austring, Bennyé	Die Reise ins geschlossene Land	66
Axster, Lilly	Ich hab's satt	67
	Doch einen Schmetterling...	61
Bärnwick, Dirk	Alle Jahre wieder	64
Bichsel, Peter	Kindergeschichten	65
Bont, Ad de	Das ertrunkene Land	66
Böseke, Harry	Ab in den Orient-Express	58
Büchner, Georg	Woyzeck	61
Ibsen, Henrik	Nora	54
Neugart, Georg	Unser Land heißt Welt	59
Markaris, Patros	Fremdgeblieben	60
Plenzdorf, Ulrich	Die neuen Leiden des jungen W.	55
Quandt, Volker	Das kleine Mädchen mit den...	67
Riggenmann, Konrad	Männer	52
Schulte, Werner	(K)ein Apfel für Schneewittchen	64
Shakespeare, William	Romeo und Julia	53
Smorra, Gerda	Irrfahrt	65
Sprenger, Wolf - Dieter	Heinzelmänner, Heinzelfrauen..	58
Theater Rote Grütze	Was heißt hier Liebe?	52
Ugarow, Michail	Rechtschreibung nach Brockhaus	55
Wedekind, Frank	Frühlings Erwachen	54
Williams, Nigel	Klassen Feind	62

Stückentwicklung - Projektarbeit

Woyzeck
Kuppelhalle des neuen Rathauses Hannover, 1992

Vertrauenssache

Die Vertrauensspiele erhöhen auf spielerische Weise das Verantwortungsgefühl der Spieler untereinander und erweitern die Risikobereitschaft und den Mut in die eigenen körperlichen und geistigen Fähigkeiten.

„Der Fotograf"

10 Min.

Ein Fotograf führt seinen Mitspieler, der mit geschlossenen Augen die Kamera spielt, zu verschiedenen Motiven. Zum Beispiel zu einem Fleck auf dem Teppich, zum Fenster oder einem Bild an der Wand. Auf ein bestimmtes Zeichen hin, das zum Beispiel ein leichter Schlag auf die Schulter sein kann, öffnet der Kameraspieler seine Augen und prägt sich das Gesehene sehr gut ein. Bei einem weiteren Klaps auf die Schulter - nach maximal zwei bis drei Sekunden - schließt der Kameraspieler wieder seine Augen (das Objektiv).
Am Ende der Übung sollten die Bilder besprochen und dann die Rollen getauscht werden.

„Der Blinde und sein Hund"

🕘 10 bis 15 Min.

Ein Blindenhund passt auf, dass sein Herrchen nicht gegen eine Tür oder einen Schrank rennt. Er legt beide Hände fest auf die Schulter des Blinden, damit er sein Herrchen sicher herumführen kann. Der Blinde versucht, so schnell es ihm mit geschlossenen Augen möglich ist, zu laufen, irgendwo durchzukriechen oder über etwas hinweg zu steigen. Die beiden sollen nicht im Übungsraum bleiben, sondern eine Treppe hinauf und hinunter gehen, aus einem großen hellen Raum in einen kleinen dunklen Raum kommen und die Veränderungen wahrnehmen: Seid mutig dabei! Die Verbindung zwischen dem Blinden und seinem Hund kann langsam gelöst werden. Vielleicht reicht ja eine ganz leichte Berührung aus, zum Beispiel an den Schultern.

„Die Stuhlumkreisung"

🕘 10 Min.

Jeder aus der Gruppe soll einmal mit offenen Augen auf einen Stuhl (der in der Mitte des Raumes steht) zugehen, um ihn herum gehen und sich setzen. Ganz einfach! Mehr nicht! Aber dann soll der ganze Weg noch einmal mit geschlossenen Augen wiederholt werden. Und weil niemand auf dem Boden statt auf der Sitzfläche landen soll, ist das Tasten nach dem Stuhl mit Händen oder Füßen natürlich erlaubt. Außerdem steht für den Notfall in der Nähe des Stuhls eine Sicherheitskraft bereit.

„Der Vertrauenslauf"

10 Min.

Die Spielleiterin stellt sich gegenüber ihrer Gruppe auf. Nacheinander soll jeder – mit geschlossenen Augen (so schnell wie möglich) – auf die Spielleiterin zulaufen und erst dann wieder anhalten, wenn die Spielleiterin „Stopp" ruft oder man von ihr aufgefangen wird.
Das Gemeine bei diesem Spiel ist, dass die Spielleiterin nicht dort steht, wo man sie gesehen hat, bevor man die Augen geschlossen hat und losgelaufen ist. Die Spielleiterin geht nämlich, während man blind auf sie zuläuft, ein paar Schritte zurück und wartet auf die Ankunft des blinden Läufers.
Der Vertrauenslauf fördert das Vertrauen zu anderen Menschen und hilft gleichzeitig eine innere Barriere überwinden.
Aus der Praxis: Es gibt immer wieder Mutige, die schon beim ersten Mal voll durchlaufen können und mit einem deutlichen Stopp zum Stehen gebracht werden müssen. Aber keine Angst, denn in der Regel wird der blinde Läufer langsamer oder bleibt dort stehen, wo er die Spielleiterin vermutet und nicht dort, wo die Spielleiterin tatsächlich steht, nämlich ein paar Schritte weiter weg.

„Begegnung in einer Tischlandschaft"

20 Min.

Aus Tischen, Stühlen, Bänken usw. wird eine Landschaft mit verschiedenen Auf- und Zugängen gebaut. Zwei Drittel der Gruppe erkunden mit geschlossenen Augen die Wege durch diese Landschaft. Das verbliebene Drittel gibt zunächst noch Hilfestellung, steigt aber nach und nach in das Spiel mit ein, so dass sich am Ende alle, außer der Spielleiterin, in der Tischlandschaft mit geschlossen Augen bewegen.[6]

„Begegnung auf einer Stuhlreihe"

🕘 10 Min.

Eine Reihe von Stühlen wird in gleichmäßigen Abständen aufgestellt.
Aufgabe ist es, auf dieser Stuhlreihe hin und herzugehen. Dabei sollte man sich gegenseitig helfen, von dem einen zum anderen Stuhl zu kommen. Läuft das einander Helfen ganz gut, gibt die Spielleiterin das Kommando: „Augen schließen!" Die Gruppe spaziert dann blind auf der Stuhlreihe und unterstützt sich gegenseitig, damit keiner fällt.
Später kann, nach und nach, ein Stuhl herausgenommen werden, so dass die Abstände zwischen den Stühlen größer bzw. die Stuhlreihe kürzer wird und sich der Schwierigkeitsgrad der Übung erhöht.[6]

Ein Theaterstück selbst entwickeln

Die im Folgenden vorgestellten Improvisationstechniken lassen sich gut für eine Auseinandersetzung mit einem bestimmten Thema (verbotene Liebe) nutzen und um mit einer Gruppe ein Theaterstück zu entwickeln. Theater zum Einsteigen und zum Mut machen. Sprich: Ein Gebrauchstheater für (fast) alle Fälle, wenn es darum gehen soll, kreativ Stellung zum Leben zu nehmen. Es handelt sich, gewissermaßen um darstellende Ideenkonferenzen. Die Spielleiterin stellt dabei mit dem Theater ein Sprachrohr zur Verfügung, durch das zu bestimmten Vorgängen in der Gesellschaft Stellung bezogen werden kann. Man könnte somit durch Kunst politisch tätig werden. In diesem Zusammenhang bietet sich auch eine Kooperation zwischen einer Schule und zum Beispiel einem Freizeitheim an.
Einige Anregungen für mögliche inhaltliche Überschneidungspunkte von Schule und Freizeiteinrichtung: Geographie (Orte, Lebensweisen, Klima), Werte und Normen (erste Liebe, alter Mensch - weiser Mensch), Geschichte (Ein Markttag gestern, heute, morgen), Sport (Zirkus, Artisten).

„Das Vier-Ecken-Spiel"

20 Min.

Jeder aus der Gruppe schreibt auf je einen Zettel einen Phantasienamen, einen Ort, eine Zeit und eine Handlung. Die Zettel mit den Namen werden in eine Ecke und die mit dem Ort, der Zeit und der Handlung in je eine andere Ecke gelegt. Am Ende liegt also in allen vier Ecken jeweils ein Stapel mit Zetteln. Erst dann werden Kleingruppen gebildet (drei bis vier Spieler).

Aufgabe: Jeder zieht einen Zettel mit einem Namen. Von den Zetteln mit dem Ort, der Zeit und der Handlung bekommt aber nur jede Kleingruppe einen. Die Gruppen sollen aus diesem Material eine kleine Szene entwerfen und sie vorspielen.

„Werbung"

10 Min.

Die Aufgabe ist zu dritt oder zu viert einen Werbespot produzieren, der einen klaren Slogan hat und in einer einfachen Form präsentiert werden kann. Hilfreich ist es, sich an Werbespots und Slogans zu orientieren, die aus dem Kino oder dem Fernsehen bekannt sind, und diese in einen anderen inhaltlichen Zusammenhang zu stellen. Sprich, für etwas zu werben, für das normalerweise keine Werbung gemacht wird.

„Das Medienspiel"

20 Min.

Es werden drei Arbeitsgruppen zu einem Thema (verbotene Liebe) gebildet. Die erste Gruppe malt ein Plakat oder stellt eine Collage zusammen. Die zweite Gruppe bekommt einen Kassettenrecorder in die Hand und produziert eine Radiosendung zum Beispiel mit tatsächlichen und fiktiven Interviews. Die dritte Gruppe improvisiert eine Unterhaltungs- oder Informationssendung, wie sie im Fernsehen üblich ist. Dabei ist es gut, eine Vorlage („Herzblatt", „Gute Zeiten, schlechte Zeiten" oder „Aktenzeichen xy ungelöst") zu nennen oder benennen zu lassen.

Spiele mit den Zuschauern (Brecht und Boal)

Mit dem vorgestellten Programm, das sich auf Brecht und Boal bezieht, soll deutlich werden, wie durch theatralische Aktionen der Alltag, wenn auch nur für einen Moment, aus den Angeln gehoben werden kann: Die Gedanken werden frei. Es kann Stellung bezogen werden und verantwortlich gehandelt werden.

„Das Lehrstück" Brecht

20 Min. Das Lehrstück ist bei Brecht kein Theater, um sich einfach nur hinzusetzen und zuzuschauen. Ziel ist es, bestimmte Haltungen zum Leben zu erproben und zu reflektieren. Dazu werden Kleingruppen gebildet. Sie bekommen eine Konfliktsituation (eine Auseinandersetzung zwischen den Eltern eines Liebespaares) genannt.
Aufgabe der Kleingruppen ist es, die Szene mehrmals durchzuspielen und dabei immer eine andere Lösung für den Konflikt zu suchen.[5]

„Das Forumtheater" Boal

20 Min. Die Gruppe provoziert die Zuschauer mit einem möglichst ungünstigen oder ungerechten Verlauf einer Szene. Sie will damit erreichen, dass die Zuschauer sich so ärgern oder aufregen, dass sie in die Spielhandlung eingreifen und selbst zu Spielenden werden, die nach einer besseren Lösung des Konfliktes suchen.
Während im Lehrstück alle Spielende sein sollten und Zuschauer nebensächlich bzw. unnötig sind, braucht das Forumtheater ein Publikum, um es aus seiner passiven (zuschauenden) in eine aktive (spielende), eingreifende Haltung zu bringen.

„Das Unsichtbare Theater" Boal

45 Min.

Für das Unsichtbare Theater werden drei Untergruppen gebildet. Erstens: die Spieler. Zweitens: die schnelle Eingreiftruppe. Und Drittens: die Beobachter. Unsichtbares Theater kann überall gespielt werden. Wichtig ist nur, dass die Spieler (1) einiges an Erfahrungen im Improvisieren gesammelt haben. Das bedeutet, dass sie in der Lage sein sollten, sich aus der Affäre zu ziehen, wenn zum Beispiel in der Szene „Mann prügelt Frau" ein paar starke nicht eingeweihte Frauen oder Männer eingreifen wollen. Das gilt auch, wenn die unfreiwilligen Zuschauer nur blöde zusehen, während der Mann so tut, als würde er seine Frau verprügeln. Rückendeckung bekommen die Spieler (1) in der Szene „Mann prügelt Frau" von der schnellen Eingreiftruppe (2). Die schottet, wenn es brenzlig wird, die Spieler (1) ab und sichert deren Rückzug.
Ebenso notwendig wie die schnelle Eingreiftruppe (2) ist für das Gelingen einer guten unsichtbaren Theateraktion die Gruppe der Beobachter (3). Das sind scheinbar ganz normale Passanten, die versuchen, eine Diskussion unter den „Zuschauern" in Gang zu bringen. Zuschauer, die ja nicht wissen, dass das, was sie da sehen und hören, eine vorbereitete und vorgespielte Konfliktsituation und nicht die Realität ist.
Das unsichtbare Theater dient wie das Lehrstück und das Forumtheater der Meinungsbildung. Unter anderem Namen ist es schon in den 20er Jahren in Deutschland eine Spielform der sehr lebendigen Arbeiterkultur gewesen. Heute ist das unsichtbare Theater ein geeignetes Mittel, um ein wenig Verwirrung unter das Volk zu streuen oder dem Alltag einen Farbtupfer zu geben.[5]

Fremdsprachen sprechen - „spielend" lernen

Die folgenden Beispiele zeigen, wie durch einen spielerischen Umgang mit einer fremden Sprache Kinder und Jugendliche motiviert werden können, frei zu sprechen, oder was vielleicht wichtiger ist, sich überhaupt einmal zu trauen, den Mund aufzumachen. So können sie Schritt für Schritt mehr Vertrauen in die eigenen (fremd-)sprachlichen Fertigkeiten bekommen.
Außerdem können die Spiele und Übungen dazu beitragen, neue Eindrücke voneinander zu gewinnen oder bereits festgefahrene Denkmuster und Verhaltensweisen im Umgang miteinander zu überwinden.

🕘 15 Min.

Beispiel aus dem 6. Jahrgang:

„Textanalyse in einer Fremdsprache"

Dieses Spiel kann sowohl paar- und tischweise, als auch mit der ganzen Gruppe gleichzeitig gespielt werden. Aufgabe ist es, einen Dialog aus dem Englischbuch mehrmals hintereinander in verschiedenen Gefühlslagen laut zu lesen. Zum Beispiel: Traurig, wütend, müde oder betrunken. Dabei darf und sollte man übertreiben. ☞ Seite 20

🕘 15 Min.

Beispiel aus dem 7. Jahrgang:

„Die Musik als Einstieg"

Im Prinzip wird das gleiche Verfahren wie in der Übung „Textanalyse in einer Fremdsprache" genutzt: Nur hier ist ein Lied die Grundlage, mit der gearbeitet wird. Dabei soll das Lied ganz bewusst nicht in der Art und Weise gesungen oder gesprochen werden, in der es ursprünglich gedacht war. Zum Beispiel darf ein Volkslied wie auch immer präsentiert werden (z.B. als Rap) nur nicht als das, was es ist: als Volkslied.

Beispiel aus dem 8. Jahrgang:

„Einen Dialog selbst entwickeln“

10 Min.

In Kleingruppen soll schriftlich oder mündlich ein kurzer Dialog zu einem Thema entwickelt und vorgespielt werden. Zum Beispiel: „Essen - Essen gehen“. Es werden danach fiktive Orte benannt, an denen der Text gespielt werden soll. So könnten die „Rotzlöffel“ aus dem Kurs in einer Londoner Bahnhofskneipe aufeinander treffen.

Beispiel aus dem 9. Jahrgang:

„Die Balkonszene aus Romeo und Julia“

30 Min.

Zu zweit soll ein Teil des Textes aus der Balkonszene in diversen Gefühlslagen gesprochen werden. Die Spielleiterin benennt dann verschiedene Orte (auch draußen). Die Zweier-Gruppen suchen sich einen dieser Orte aus. Sie proben ihre Szene an diesem Ort und führen sie später dort auf.
So kann es zum Beispiel kommen, dass Romeo und Julia draußen stehen in einer Ecke des Schulhofes, die eine Baustelle ist. Bei strömendem Regen treiben sie verlassen von der Welt mit einem Floß (einer Europalette) auf einem See (einer große Pfütze).

☞ Seite 21

Zum Nachschlagen

Michael Barbion, Ulrich Gösling, Michael Karin
Woyzeck
Kuppelhalle des neuen Rathauses Hannover, 1992

Verzeichnis der Übungen

Eine Reise durch die „klassische" Schauspielpädagogik

Übungsbereich	Titel der Übung	Seite
1. Der Körper:		
	„Die Methode der psycho-physischen Handlung"	12
	„Die plastischen Elemente"	14
	„Das Prinzip der psychologischen Gebärde"	15
	„Die psychologische Gebärde"	16
2. Der Rhythmus:		
	„Laufen in einem gemeinsamen Rhythmus"	17
	„Wende im Kreis"	17
	„Tack and shut"	18
	„Rhythmus und Textarbeit"	19
3. Die Atmosphären:		
	„Die Textanalyse"	20
	„Die Wanderung der Bühnenbildner"	21
4. Die Sensorische Erinnerung:		
	„Den Tag Revue passieren lassen"	23
	„Die sensorische Erinnerung"	23
	„Wie eine Röntgenaufnahme von der Figur"	24
5. Der Verstand:		
	„Die vorgeschlagene Situation"	25
	„Was wäre, wenn..."	25
	„Was müsste passiert sein, damit..."	26
	„Die W-Fragen"	27
	„Der Kommentar"	27

Hilfen für die Probenarbeit

Übungsbereich	Titel der Übung	Seite
1. Für die Arbeit zu Hause:		
	„Mal ohne Schauspieler"	35
2. Die „richtige" Besetzung finden:		
	„Die praktische Leseprobe"	39
	„Und als Hausaufgabe zur praktischen Leseprobe"	39
	„Traumreise oder die erste Begegnung mit der Rolle	40
	„Ein Bild mit geschlossenen Augen malen"	41
	„Für das Leiden der Figur einen Leitsatz finden"	41
	„Vielfalt spielen lassen - Vielfalt sehen"	41
	„Assoziationsmaterial sammeln"	42
3. Individualität und Sozialgefühl:		
	„Das Bewusstsein der Individualität"	43
	„Standbilder"	43
	„Zum Sozialgefühl"	44
4. Der „siebte" Sinn:		
	„Wo sind meine Hände?"	45
	„Die Wunderheilerin"	45
	„Die Chakrapunkte"	46

Verzeichnis der Übungen

Stückentwicklung - Projektarbeit

Übungsbereich	Titel der Übung	Seite
Vertrauenssache:		
	„Der Fotograf"	72
	„Der Blinde und sein Hund"	73
	„Die Stuhlumkreisung"	73
	„Der Vertrauenslauf"	74
	„Begegnung in einer Tischlandschaft"	74
	„Begegnung auf einer Stuhlreihe"	75
Ein Theaterstück selbst entwickeln:		
	„Das Vier-Ecken-Spiel"	76
	„Werbung"	77
	„Das Medienspiel"	77
Spiele mit den Zuschauern:		
	„Das Lehrstück"	78
	„Das Forumtheater"	78
	„Das Unsichtbare Theater"	79
Fremdsprachen sprechen - „spielend" lernen:		
	„Textanalyse in einer Fremdsprache"	80
	„Die Musik als Einstieg"	80
	„Einen Dialog selbst entwickeln"	81
	„Die Balkonszene aus Romeo und Julia"	81

Eine Literaturliste als Empfehlung für die, die mehr wissen wollen

Die Klassiker der Schauspielpädagogik

1. **Konstantin S. Stanislawski:** Die Arbeit des Schauspielers an sich selbst (Band 1 und 2) und Die Arbeit an der Rolle (Band 3). Henschel - Verlag Berlin 1996 oder als Zusammenfassung: **Peter Simhandl** (Hrsg): Stanislawski Lesebuch. Ed. Stigma Berlin, 1992

2. **Michail A. Čechow:** Die Kunst des Schauspielers. Urachhaus Verlag, Stuttgart 1998 und mit der Schreibweise Tschechow: Das Werkgeheimnis der Schauspielkunst. Werner Classen Verlag; Zürich und Stuttgart 1979

3. **Lee Strasberg:** Schauspielen und das Training des Schauspielers. Hrsg.: W. Wermelskirch Alexander Verlag, Berlin 1999 und Lee Strasberg: Ein Traum der Leidenschaft. Die Entwicklung der 'Methode'. Schrimer/Moser, München 2000

4. **Jerzy Grotowski:** Für ein Armes Theater. Orell Füssli Verlag, Zürich 2000^2

5. **Bertolt Brecht:** Über den Beruf des Schauspielers. Hrsg.: W. Hecht Suhrkamp, Frankfurt a. M. 1970 und **Gerd Koch, Reiner Steinweg, Florian Vaßen** (Hrsg.): "Assoziales Theater. Spielversuche mit Lehrstücken und Anstiftung zur Praxis. Köln 1984. Beim Verlag vergriffen; über Thater-Buch-Versand Frankfurt a.M. c/o Schultheater-Studio, Hammarskjöldring 17a, 60439 Frankfurt a.M zu bestellen. Außerdem: **Augusto Boal:** Theater der Unterdrückten. Frankfurt a. M 1989 und Der Regenbogen der Wünsche Kallmeyer, Seelze - Velber 1999. Neue Auflage mit Spielangeboten

6. **Ingrid Hentschel, Klaus Hoffmann, Florian Vaßen** (Hrsg.): Brecht & Stanislawski und die Folgen. **Henschel Verlag,** Berlin 1999 enthält u.a. einem guten Artikel von Karin Jansen unter dem Titel: Stanislawski „Methode der physische Handlung“ im Visier und einen

Bericht der Arbeit von Andreij Droznin, von dem ich über Meyerhold und das Prinzip Körper eine Menge gelernt habe. An dieser Stelle: Danke.

Und dann sind da noch zu nennen:

7. Keith Johnstone: Improvisation und Theater. Alexander Verlag, Berlin 1993³. Super Buch. Macht viel Spaß zu lesen. Auch sonst gute Beispiele für die Arbeit mit Kindern. Und "Theaterspielen" auch von K. Johnstone im Alexander Verlag, Berlin 2000³. Dazu auch Titel Nr. 8

8. Der Dritte Sachbericht zum theaterpädagogischen Modellversuch zur Entwicklung von Theaterarbeit an Schulen an der IGS Mühlenberg, Hannover. Redaktion: Hans Zimmer, Sabine Müller. Bezugsadresse: Hans Zimmer, Leiter des Theaterpädagogischen Zentrums IGS Mühlenberg/FZH „Weiße Rose", Mühlenberger Markt 1 in 30457 Hannover

9. Rosemarie Portmann/Elisabeth Schneider: Spiel zur Entspannung und Konzentration. Don Bosco Verlag, München 2000¹³.

10. Peter Brook: Das offene Geheimnis. S. Fischer Verlag, Frankfurt a. M. 1994. Ein sehr schönes Buch zum Lesen, das einiges an Hintergrund liefert, wie mit Schauspielerinnen gearbeitet werden kann. Beispiele für Übungen sind allerdings von Brook nicht mehr zu erwarten.

11. Eckhard Lück: Spots an, Vorhang auf! und Theater aus der Hosentasche, beide Titel sind erschienen im AOL - Verlag, Lichtenau 1996. Sehr gutes Material, das vor allem für den AG-Bereich zu empfehlen ist.

Und ein Abstecher in die Psychologie und die Philosophie

12. **Sigmund Freud** (Traumdeutung) und vor allem **Carl Gustav Jung** mit seinem kollektiven Unbewussten und dem Individualisierungsprozess sind eine Basis. Außerdem **Sigmund Freud:**. Die Traumdeutung. S. Fischer Verlag, Frankfurt a. M. 1987. Literatur: **C. G. Jung:** Bewußtes und Unbewußtes. S. Fischer Verlag, Frankfurt a. M. 1987 und Der Mensch und seine Symbole. Walter Verlag, Olten 1985.

13. **Eugen Herrigel:** ZEN in der Kunst des Bogenschiessens. Scherz Verlag, Bern 1991

14. **Jostein Gaarder:** Sofies Welt Hanser Verlag, München 1991 und/ oder Gaarders Vorarbeit für Sofies Welt: Das Kartengeheimnis. Hanser Verlag, München 1995

15. **Rüdiger Safranski:** Wieviel Wahrheit braucht der Mensch? Hanser Verlag, München 1990. Dazu auch Titel Nr. 14.

16. **T. W. Ardorno:** „Expressionismus und künstlerische Wahrhaftigkeit" in Noten zur Literatur. Suhrkamp Verlag, Frankfurt am Main 1974.

Theaterliteratur zum Nachschlagen

17. **Manfred Brauneck:** Theater im 20. Jahrhundert. Rowohlt Taschenbuch Verlag, Reinbek 1993 und das von ihm und **Gérard Schneilin** herausgegebene Theaterlexikon, ebenfalls bei Rowohlt, 1992

18. **Lothar Schwab/Richard Weber** (Hrsg.): Theaterlexikon. Cornelsen Sciptor Frankfurt a. M. 1992

19. **Andrea Gronemeyer:** DuMont Schnellkurs Theater. Du Mont, Köln 1998[2]. Sehr guter Abriss zur Theatergeschichte mit hervorragenden Artikeln z.B. zur Geschichte des Kinder- und Jugendtheaters.

Weitere Besonderheit: Die Autorin schreibt aus der Sicht des freien Theaters. Und, **Manfred Jahnke** als Auftakt zu einer Serie zum Kinder- und Jugendtheater, "Glanzaugen, Apfelbäckchen" in der Zeitschrift Die Deutsche Bühne 10/99

20. **Hilmar Hoffmann** (Hrsg.): Kultur für alle. S. Fischer Verlag, Frankfurt a. M. 1981

Theater(pädagogische) Zeitschriften

21. **Korrespondenzen** Zeitschrift für Theaterpädagogik.
Vertrieb: Schibri-Verlag, Milow 60, 17737 Uckerland, Telefon: 039753/ 22 757

22. **Spiel & Bühne** Zeitschrift des BDAT – Bund Deutscher Amateurtheater Steinheimer Str. 7/1, 89518 Heidenheim,
Telefon: 07321/ 483 00

23 **Fundvogel** Kritisches Kinder-Medien-Magazin.
Schneider Verlag Hohengehren, Wilhelmstr. 13,
73666 Baltmannsweiler, Telefon: 07153/ 41 206

24. **Die Deutsche Bühne**
Vertrieb: Erhard Friedrich Verlag, Postfach 100150, 30918 Seelze,
Telefon: 0511/ 400 04 152

25. **Theater der Zeit** Zeitschrift für Politik und Theater.
Vertrieb: Im „podewil", Klosterstr 68/70, 10179 Berlin,
Telefon: 030 242 36 26

26. **Theater heute**
Vertrieb: Erhard Friedrich Verlag, Im Brande 19, 30926 Seelze,
Telefon: 0511/400 04 152

Einrichtungen und Organisationen, die mit Rat und Tat helfen können

27. TheaterBuchVersand
c/o Schutheater-Studio, Hammarskjöldring 17a, 60439 Frankfurt am Main, Telefon: 069/ 212 30608

28. BAG für das Darstellende Spiel in der Schule
c/o Schutheater-Studio, Hammarskjöldring 17a, 60439 Frankfurt am Main, Telefon: 069/ 212 320 44 und 212 309 67

29. Bundesverband Theaterpädagogik (BUT),
Genter Str. 23, 50672 Köln, Telefon: 0221/ 95 210 93

30. BAG Spiel und Theater
Falkenstr. 20, 30449 Hannover, Telefon: 0511/ 458 17 99

31. BDAT – Bund Deutscher Amateurtheater
Steinheimer Str. 7/1, 89518 Heidenheim, Telefon: 07321/ 483 41

32. ASSITEJ Internationale Vereinigung des Theaters für Kinder und Jugendliche. Schütenstr. 12, 60311 Frankfurt am Main, Telefon: 069/ 291 538

Stanislawski and Friends

Praxis Schauspiel wird von der Veranstaltungsreihe Stanislawski and Friends begleitet. Das Ziel ist, in einer Art Baukastensystem die Theorie (das Handbuch) und die Praxis (das Kursangebot) miteinander zu verknüpfen.

1. Kurs: **Eine Reise durch die „klassische“ Schauspielpädagogik.**
Das Spezifische an diesem Kurs ist die Systematik, mit der in die „klassische“ Schauspielpädagogik eingeführt wird. Stanislawski, Meyerhold, Tschechow, Brecht, Strasberg und Grotowski sind die „Klassiker“. Doch anstatt eine dieser Schulen in ihrer ganzen Komplexität vorzustellen, werden zum Beispiel aus dem Stanislawski-System charakteristische Übungen entnommen und zusammen mit vergleichbaren Ansätzen in einen Kontext gestellt. Atmosphäre, Verstand, Körper, sensorische Erinnerung und Rhythmus sind die neuen Ordnungskriterien, mit denen die gesamte Bandbreite der „klassischen“ Schauspielpädagogik erfahren werden kann.

2. Kurs: **Hilfen für den Einstieg in die Probenarbeit.**
Mit diesem Regiekurs soll der Einstieg in die Arbeit an einer Inszenierung erleichtert und Tipps und Anregungen gegeben werden, die die Phantasie der SpielleiterInnen anregen und den Mut fördern, neue unkonventionelle Wege zu erproben. Die Vielzahl der Gestaltungsmöglichkeiten, die es für eine Szene (z.B. die Balkonszene aus „Romeo und Julia“) gibt, sind hier die Grundlage, um das eigene ästhetische Potential kennen zu lernen und zu entdecken. Eine Kombination mit dem schauspielpädagogischen Workshop (Eine Reise durch die „klassische“ Schauspielpädagogik) ist empfehlenswert.

3. Kurs: **Stückentwicklung Projektarbeit.**
Eine Art theaterpädagogischer Gemischtwarenladen mit Vertrauensspielen und Improvisationstechniken, um mit einer Gruppe ein Theaterstück zu einem Thema zu entwickeln. Theater zum Einsteigen und zum Mut machen. Sprich: Ein Gebrauchstheater für (fast) alle Fälle, wenn es darum gehen soll, kreativ Stellung zum Leben zu nehmen.

Stanislawski and Friends ist offen für alle Leserinnen und Leser und für alle anderen Menschen, die das Theaterspielen als ein Mittel der kreativen Kommunikation in ihr berufliches und privates Leben integrieren wollen. Die Veranstaltungsreihe „Stanislawski and Friends" wird unter anderem erprobt beim:

- „Multiplik 2001" - Fortbildungsprogramm des Bundesverbandes Theaterpädagogik, Hans Otto Theater Potsdam, September 2001.
- Universität der Künste Berlin, Oktober 2002.
- Hochschule für Bildende Künste Braunschweig, November 2002.
- Fachverband für Theatererziehung und Schulspiel in Niedersachsen, August 2003
- TPZ Lingen, November 2003.
- Akademie Remscheid, Mai 2004.

Weitere Informationen über das Kursangebot können über den Schibri-Verlag, Milow 60, 17337 Uckerland und beim Autor (t.aye@web.de) angefordert werden.

Und zum Schluss etwas über den Autor

Als ich mit dem Theaterspielen und dem Rauchen von selbstgedrehten Zigaretten angefangen habe, war ich 16 Jahre alt. Wir nannten uns „Mobiles Untergrund Theater - M. U. T. -" und wollten uns nicht „reinreden" lassen in das, „was" und vor allem „wie" wir es in Szene setzten. Wir eröffneten am Rande des Neubaugebietes, in dem wir wohnten und zur Schule gingen, ein kleines Theater und gingen mit dem „M.U.T." auf Tournee. 1983 wurde unsere Produktion „Wüste Europa" als „beispielhaft und herausragend" für das bundesdeutsche Schülertheater ausgezeichnet. Ich machte zwei Jahre später mein Abitur, studierte Kulturpädagogik und bewarb mich an so ziemlich allen Schauspielschulen im deutschsprachigen Raum. Eine private Schule hat mich für eineinhalb Jahre aufgenommen und ich drehte mir wieder eine Zigarette, machte einen Abstecher zur bildenden Kunst und beendete später mein Studium als Diplom-Kulturpädagoge. Ich begann zu unterrichten und zu inszenieren; arbeitete als Regieassistent an einem großen Theater, wurde der „Spiritus Rektor" eines Modellversuches, in dem Jugendliche über das Theaterspielen zu Multiplikatoren in Sachen Theaterpädagogik angeleitet wurden. Wir arbeiteten mit Randgruppen und spielten in Rathäusern, Kirchen, Fabrikhallen und Gefängnissen. Inzwischen konnte ich mir auch Filterzigaretten leisten. Es folgten zwei Jahre als Theaterfachmann an einer allgemeinbildenden Schule und dann als leitender Theaterpädagoge an einem ostdeutschen Theater. Ich unterrichtete an einer Fachhochschule, war in der Ausbildung von Schauspielern tätig und habe für die Hochschule der Künste (HdK), im Team des Theaterpädagogischen Dienstes, theater- und schauspielpädagogische Projekte für die Berliner Theater durchgeführt. Heute führe ich Projekttage zum Thema „Rechtsextremismus" im Rahmen der Theaterproduktion „Hallo Nazi" am GRIPS Theater Berlin durch, inszeniere und schreibe Theaterstücke. Ich putze unsere Wohnung und begleite mein Kind. Und ich werbe für Stanislawski und seine Freunde, damit kommende Generationen nicht nur einen PC vor Augen haben, sondern ihre und unsere Zukunft positiv, weil bunter und menschlicher, gestalten können. In diesem Sinne mit den besten Grüßen,

Thomas Aye